포토원더와 비바비디오

스마트폰으로 사진 편집하고 동영상 만들기

PhotoWonder

Vivavideo

- 스마트폰으로 사진을 편집하고 동영상 만들기
- 사진 편집 앱, PhotoWonder 설명
- 동영상 편집 앱, VivaVideo 설명
- 작업한 사진/영상을 문자, 카톡으로 전송하고 블로그에 올리기

채미옥 지음

인투북스
inTo Books

Part 01 사진 편집 - PhotoWonder

Lesson 01 PhotoWonder란? — 4

Lesson 02 사진 편집 앱 PhotoWonder 설치하기 — 5
1. 스마트폰 와이파이 사용하기 — 5
2. PhotoWonder 설치하기 — 6
3. 설치된 앱 삭제하기 — 9
4. 다른 사진 편집 프로그램(PIP 카메라) — 11

Lesson 03 PhotoWonder로 사진 편집하기 — 13
1. 사진 모자이크 처리하기 — 14
2. 색조 조정하기 — 18
3. 사진 자르기 — 23
4. 반전과 회전하기 — 25
5. 선명하게 하기 — 27
6. 아웃포커싱 — 29
7. 매직펜 — 31
8. 리플렉션 — 32

Lesson 04 PhotoWonder로 사진 꾸미기 — 34
1. 액세서리 꾸미기 — 34
2. [액세서리]의 스티커 추가 다운받기 — 37
3. 데코 액자 꾸미기 — 41
4. 브러시로 칠하기 — 43
5. 말풍선 꾸미기 — 45

Lesson 05 PhotoWonder의 특수 효과 — 47

Lesson 06 PhotoWonder의 콜라주 — 51
1. 콜라주 - 심플 테마 — 51
2. 콜라주 - 스티칭 테마 — 55
3. 콜라주 - 클래식 테마 — 57
4. 콜라주 - 멋대로 테마 — 60

Part 02　영상 편집 - VivaVideo

Lesson 07　동영상 편집 앱 비바비디오 설치하기　62

Lesson 08　영상에 타이틀 만들기　66
    1. 영상에 타이틀 만들기　66
    2. 다른 타이틀 다운로드하기　70

Lesson 09　사진으로 영상 만들기　73

Lesson 10　사진으로 슬라이드 쇼 영상 만들기　78

Lesson 11　영상에 타이틀/뮤직/자막/효과 넣기　81
    1. 영상에 다양한 편집 작업하기(타이틀/뮤직/자막/효과)　81
    2. 다양한 특효와 텍스트 상자　88

Lesson 12　사진과 영상을 혼합하여 영상 만들기　92

Lesson 13　길이 조정하여 영상 불러오기　101

Lesson 14　임시 저장 파일 편집하기　105
    1. 임시 저장된 파일 활용하기　106
    2. [관리] 살펴보기　110
    3. [관리]에서 다운로드 받는 것을 삭제하기　111

Part 03　편집한 사진과 동영상 공유하기

Lesson 15　문자로 사진 및 영상 보내기　113

Lesson 16　카카오톡으로 사진 및 영상 보내기　116

Lesson 17　블로그에 사진 및 영상 올리기　119

Part 01 스마트폰으로 사진 편집하기

Lesson 01 PhotoWonder란?

✦ 앱(어플, 어플리케이션)이란?

앱은 애플리케이션(Application)을 줄인 말이며 스마트폰으로 다운로드하여 사용할 수 있는 응용 프로그램입니다. 예를 들면 카카오톡, 네이버 지도, 애니팡 등이 있습니다.

✦ PhotoWonder란?

PhotoWonder는 스마트폰으로 촬영된 사진을 사진 보정 작업과 사진 합성 및 특수 효과 등 다양하게 사진을 편집할 수 있는 스마트폰 사진 편집 앱(어플 = 프로그램)입니다.

사진 편집

콜라주

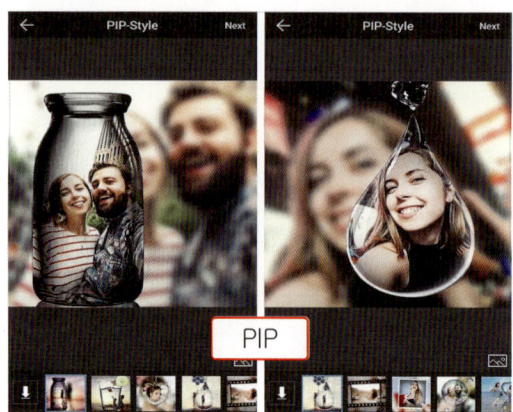

PIP

Part 01 스마트폰으로 사진 편집하기

Lesson 02 사진 편집 앱 PhotoWonder 설치하기

❶ 스마트폰 와이파이 사용하기

앱을 설치하기 위해서는 인터넷을 연결해서 데이터를 사용해야 합니다. 데이터 사용 시 비용이 부과되지만 와이파이 존에서는 무료로 사용할 수 있습니다.

1 와이파이 사용이 가능한 장소에서 와이파이를 사용하면 데이터 사용이 무료입니다. 와이파이를 사용하기 위해 상단의 상태 표시줄을 아래쪽으로 드래그합니다.

아래쪽으로 드래그

2 Wi-Fi가 켜지도록 터치합니다.

> **노트** 와이파이가 안 될 경우
>
> 와이파이가 안 되는 곳에서 인터넷을 사용할 경우 데이터가 소모됩니다. 데이터를 사용하기 위해서는 스마트폰 상단을 아래로 드래그한 후, [모바일 데이터]를 찾아 터치하여 활성화 시킵니다.

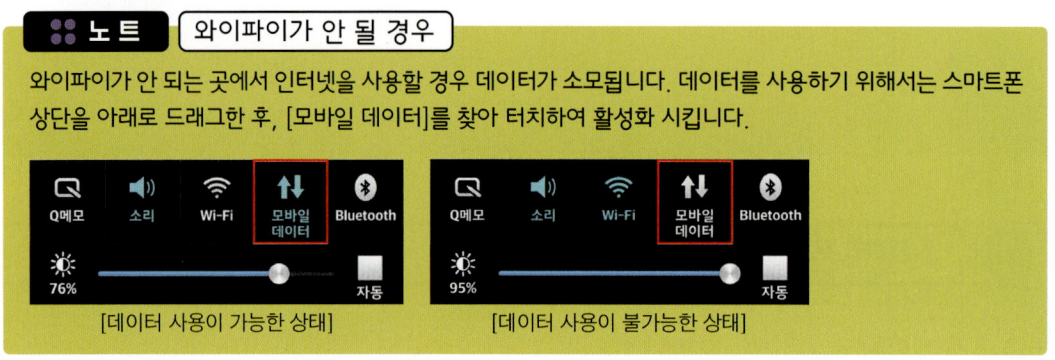

❷ PhotoWonder 설치하기

스마트폰의 Play 스토어를 이용해서 검색한 다음, 사진 편집 앱 PhotoWonder를 다운로드 받아 설치할 수 있습니다.

1 와이파이를 설정하기 위해서 상단의 상태 표시줄을 아래쪽으로 드래그합니다.

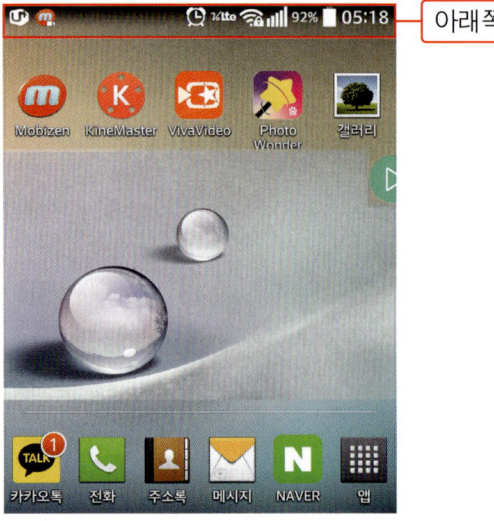

Lesson 02 PhotoWonder 설치하기

2 [Wi-Fi]와 [모바일 데이터]가 켜지도록 터치합니다. 와이파이를 사용할 수 없다면 [모바일 데이터]를 터치하여 활성화시킵니다.

[와이파이를 활성화한 상태]

[데이터 사용이 가능한 상태]

3 사진 편집 앱인 PhotoWonder를 다운로드하기 위해서 스마트폰 하단의 [앱]을 터치합니다.

[앱]을 터치

4 앱 중에서 [Play 스토어]를 터치하고 상단 입력란을 터치합니다.

Play 스토어 터치

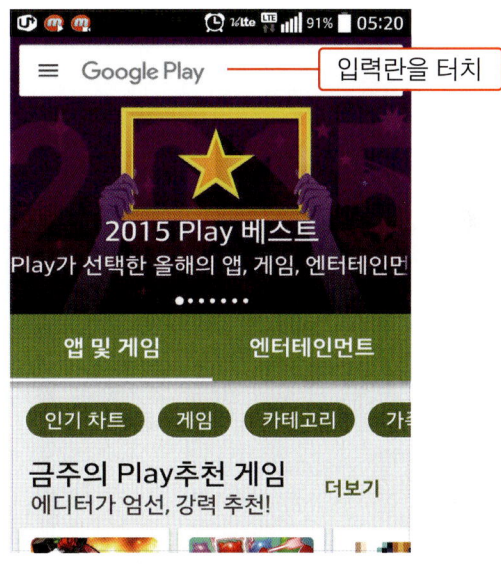
입력란을 터치

> **노트** Play 스토어
>
> 스마트폰에서 사용되는 앱(프로그램)을 구매 또는 무료로 다운로드 받을 수 있는 프로그램입니다. 일반 사용자들이 사용하는 앱들은 대부분 무료이지만 앱의 기능에 따라서 유료인 경우도 있습니다.
>
>

5 사진 편집 앱을 검색하기 위해서 [사진편집]이라고 입력합니다. 이후 검색 결과에 표시된 [PhotoWonder-뷰티 카메라]를 터치합니다.

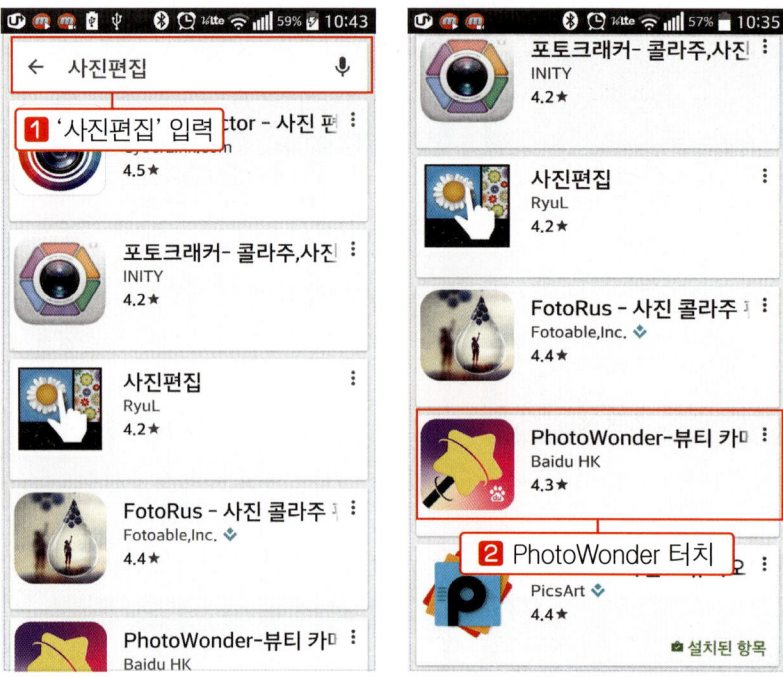

6 검색한 앱의 설치 화면이 나타나면 [설치]를 터치하고, 이후 화면에서 [동의]를 터치합니다.

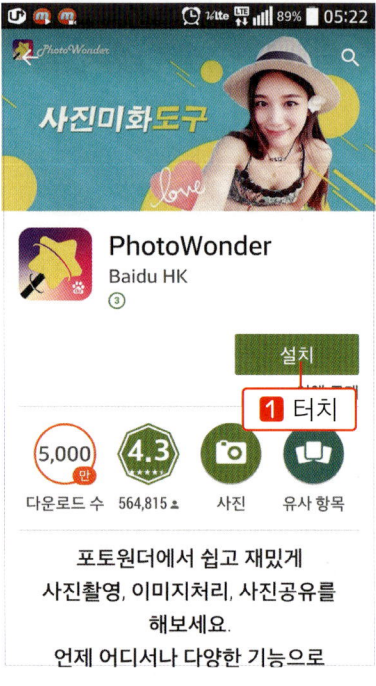
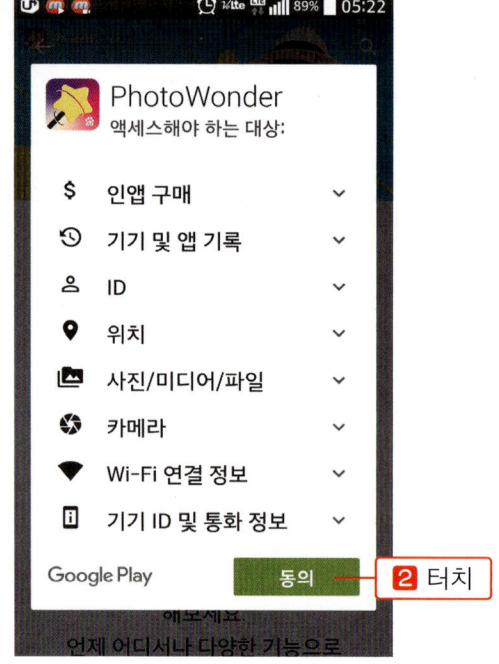

Lesson 02 PhotoWonder 설치하기

7 다운로드를 시작해서 100% 될 때까지 기다리면 설치가 완료됩니다. 앱을 실행하려면 [열기]를 터치합니다.

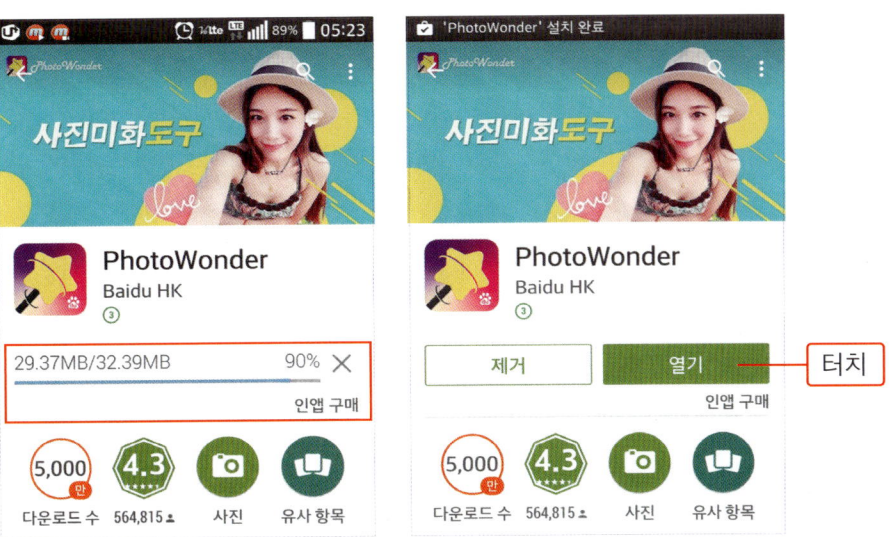

③ 설치된 앱 삭제하기

1 스마트폰 하단의 [앱] 메뉴 터치하고 화면 상단의 [설정]을 터치합니다.

※ 삼성과 LG 스마트폰의 설정이 다를 수 있습니다. 삼성도 기종마다 약간 다른데 ■ 표시를 터치하면 앱 삭제 메뉴가 나타납니다.

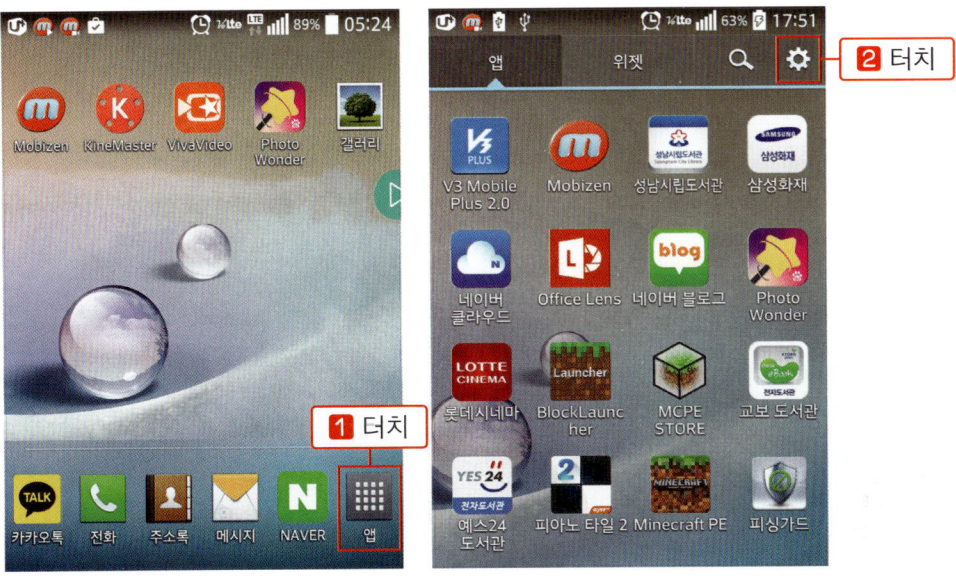

2 화면을 좌우로 이동시켜 지울 앱이 나타나면, 지우고 싶은 앱을 터치하고 앱 정보 대화상자에서 [제거]를 터치합니다.

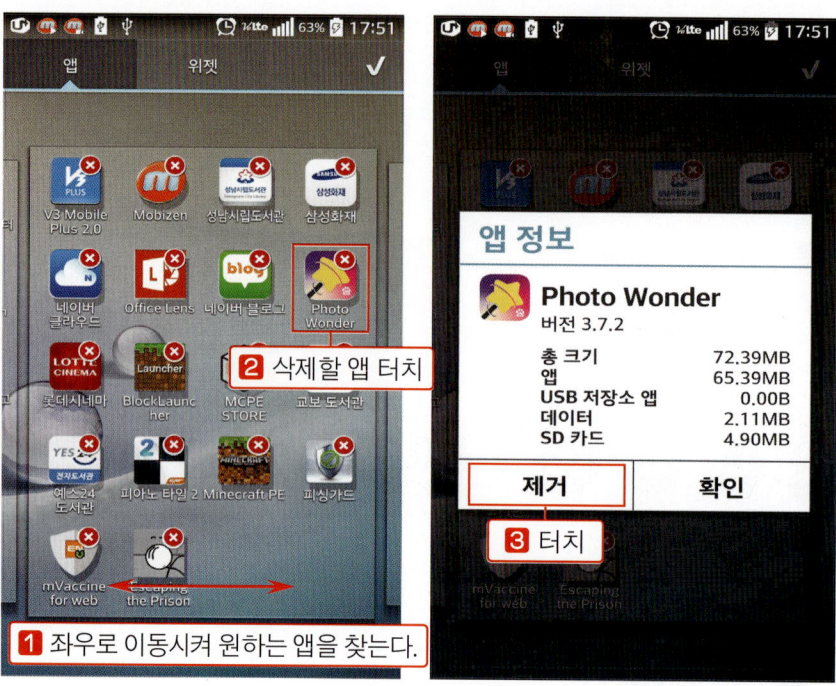

3 제거 대화상자 나타날 때 [확인]을 터치하면 앱이 삭제됩니다. 더 이상 삭제할 앱이 없으면 [체크(✓)]를 터치합니다.

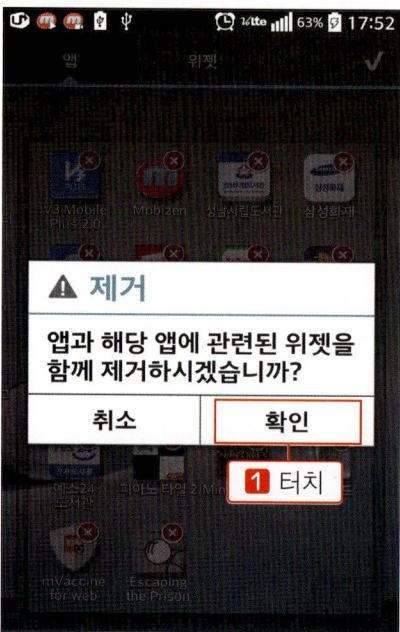

Lesson 02 PhotoWonder 설치하기

④ 다른 사진 편집 프로그램(PIP 카메라)

포토원더 외에도 더 많은 사진 편집 앱이 있습니다. 이곳에서는 Pic-in-Pic으로 멋진 프레임에 사진을 적용시키는 PIP 카메라 앱을 간단히 살펴보겠습니다. PIP 카메라 앱 특히 인물 사진에 많이 적용하며, 프레임은 추가가 가능합니다.

1 [Play 스토어]에서 "PIP카메라"로 검색한 후 설치합니다.

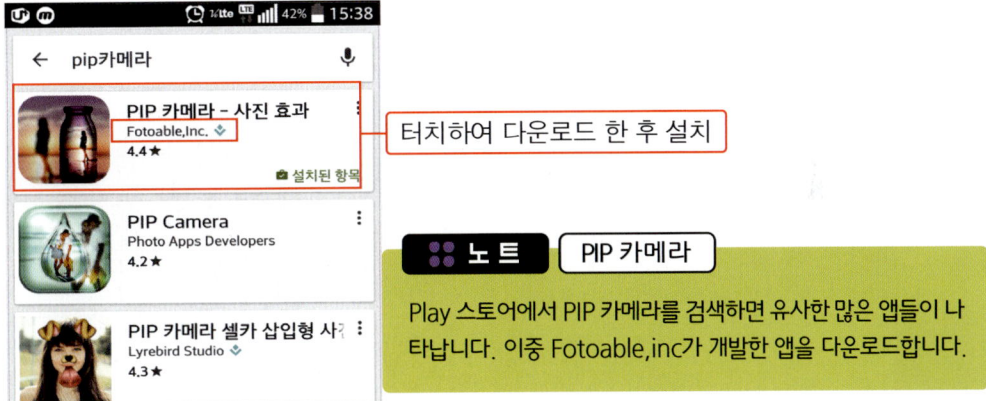

노트 | PIP 카메라

Play 스토어에서 PIP 카메라를 검색하면 유사한 많은 앱들이 나타납니다. 이중 Fotoable,inc가 개발한 앱을 다운로드합니다.

2 PIP 카메라를 실행한 후 [클래식]을 터치합니다. 이후, 원하는 프레임을 선택한 다음 [갤러리]를 터치합니다.

3 [갤러리]에서 원하는 사진을 선택하여, 원하는 작업을 한 후 [저장]을 터치합니다.

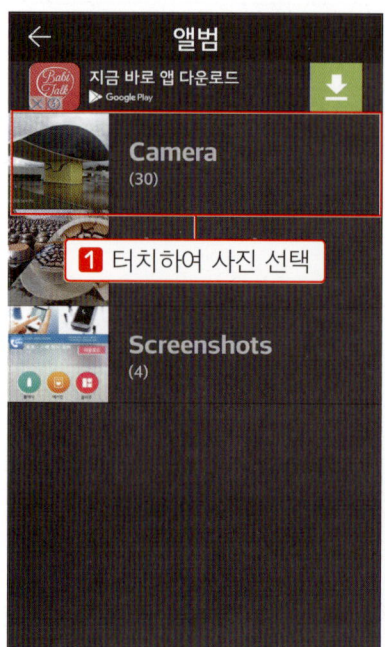

노트 | PIP 카메라의 프레임

[클래식]과 [매거진] 메뉴를 이용해서 다양한 프레임을 제공받을 수 있습니다.

Lesson 03 PhotoWonder로 사진 편집하기

PhotoWonder의 [편집] 기능은 모자이크, 자르기, 색조, 반전 및 회전, 선명하게, 아웃포커싱 등을 처리할 수 있습니다.

스마트폰의 앱이 자주 업데이트 됩니다. PhotoWonder 앱과 비바비디오 앱도 업데이트 되어 몇 가지 아이콘의 색, 위치, 이름이 조금 변경되었습니다. 버전에 따라 다소 화면이 다르더라도 작업에는 크게 지장이 없으므로 잘 살펴서 실습을 진행하기 바랍니다.

노트 버전에 따른 화면 변화

예) 버전에 따라 상단의 작업 메뉴 이름이 하단에 나타납니다.

스마트폰으로 사진 편집하고 동영상 만들기

사진 모자이크 처리하기

모자이크는 이미지의 일부분을 가리거나 희미하게 처리하는 기능입니다.

1 스마트폰의 하단에서 [앱]을 터치한 후 [PhotoWonder] 앱을 터치합니다. 또는 화면에 이미 [PhotoWonder] 앱이 나타나 있으면 그것을 터치하여 실행합니다.

2 PhotoWonder 첫 화면에서 [편집]을 터치하고, 이어서 작업할 이미지를 선택합니다.

3 화면 하단의 [편집]을 터치한 후 [모자이크]를 터치합니다.

4 모자이크 종류가 나타나면 원하는 모양을 터치한 후 [브러시]크기를 조절한 후 사진의 모자이크 처리할 부분을 드래그합니다. 더 크게 모자이크를 처리하고 싶다면 [브러시] 크기를 변경한 후 다시 사진을 드래그합니다.

5 [체크(✓)]를 터치한 후 [저장(저장)]을 터치하면 [저장완료] 화면이 나타납니다.

6 저장된 결과물은 작업 중인 PhotoWonder를 종료하고, 스마트폰 갤러리의 [Photowonder] 폴더를 보면 확인할 수 있습니다.

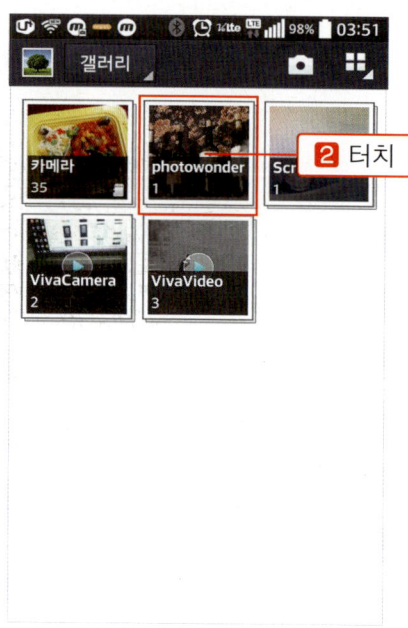

✦ 브러시 크기 조절 및 작업 취소

1 지우개(◇)를 터치하고 [브러시]를 드래그해서 브러시 크기를 조절한 후, 이미지를 문지르면 모자이크 처리된 부분이 원래 이미지로 복원됩니다.

> **:: 노 트** 〔메뉴 이름의 위치〕
>
> 버전에 따라 작업 중인 메뉴의 이름이 하단에 나타납니다. 사용하는 버전에 따라 메뉴 글자를 터치하면 됩니다.

2 다시 모자이크를 설정하려면 모자이크(▣)을 다시 터치한 후 이미지를 문지릅니다.

3 사진을 바로 적용한 부분만 되돌릴 경우는 ◁를 터치해서 되돌리기를 하고, [체크]를 한 후 효과 전체로 적용한 부분을 되돌릴 경우는 ↶를 터치합니다. 단, [저장완료]된 후에는 [되돌리기]가 적용되지 않습니다.

 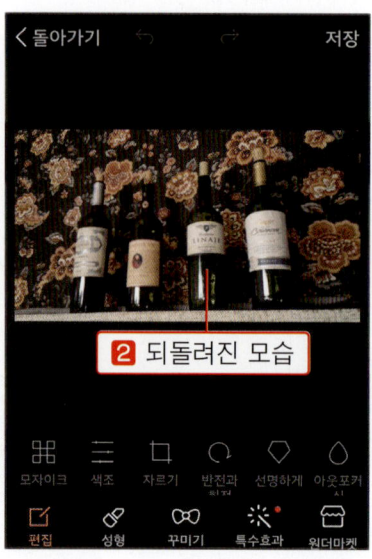

❷ 색조 조정하기

색조 조정은 이미지의 밝고 어두운 정도, 희미하고 선명한 정도, 색의 농도를 조절하는 기능입니다.

1 PhotoWonder 첫 화면의 [편집]을 터치하고, 이어서 작업할 이미지를 선택합니다.

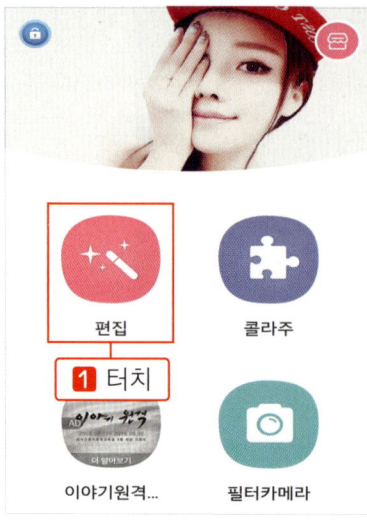 

2 [편집]을 터치한 후 [색조]를 터치합니다.

3 밝기(밝게/어둡게), 대비(선명/흐리게), 채도(색의 농도 연하게/진하게)를 드래그해서 조절하며, [비교]를 누르고 있으면 원본과 비교할 수 있습니다.

노트 메뉴 이름의 위치

버전에 따라 작업 중인 메뉴의 이름이 하단에 나타납니다. 사용하는 버전에 따라 메뉴 글자를 터치하면 됩니다.

4 [체크(✓)]를 터치하고 [저장]을 터치하면 [저장완료]가 나타납니다.

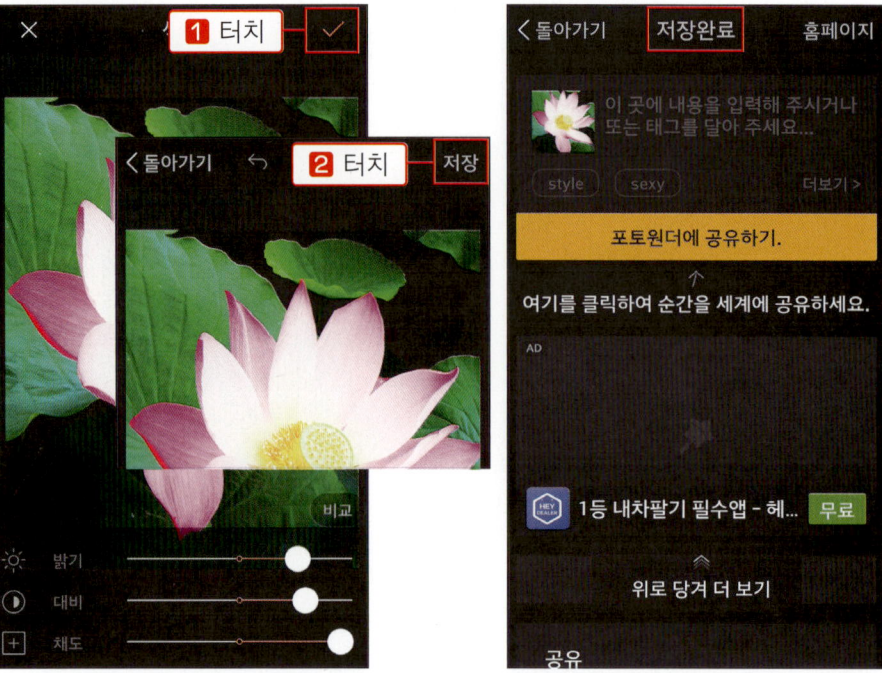

7 저장된 결과물은 작업 중인 PhotoWonder를 종료하고, 스마트폰 갤러리의 [Photowonder] 폴더를 보면 확인할 수 있습니다.

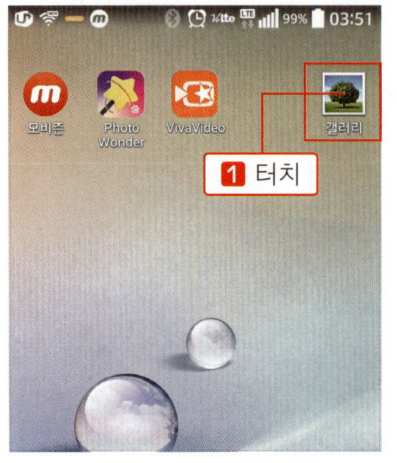 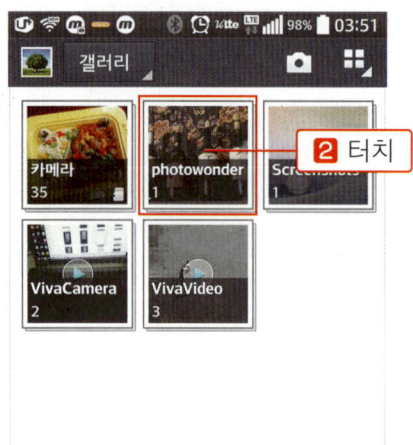

✥ [한장 더] / [반복 작업하기] / [공유하기]

1 [저장완료] 화면에서 다른 이미지로 다시 편집하고 싶을 경우, [돌아가기]를 두 번 눌러 이미지 목록에서 다시 이미지를 선택합니다.

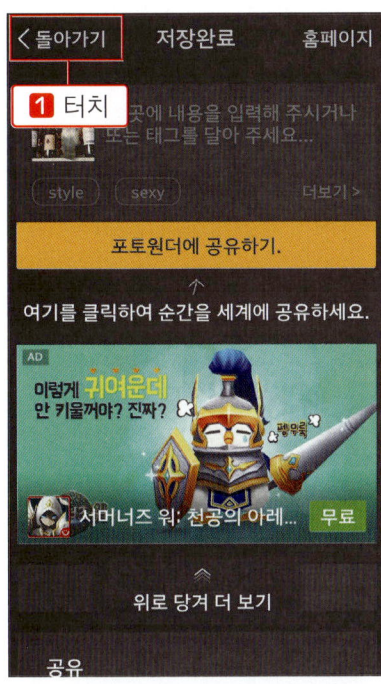

❸ 작업할 다른 이미지 터치

2 [저장완료] 화면에서 아래로 이동하면 [공유]는 편집한 이미지를 카카오톡, 인스타그램, 트위터, 메시지 등으로 보낼 수 있습니다.

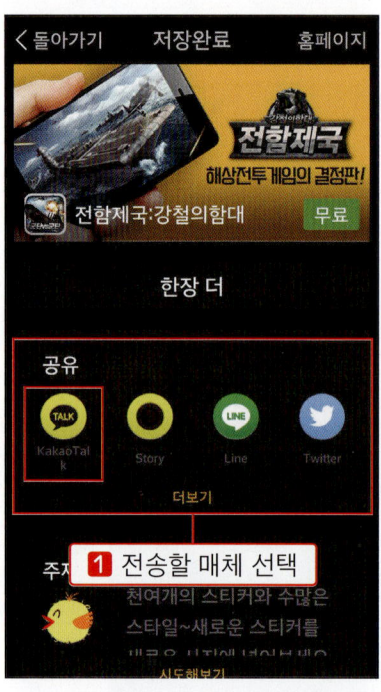

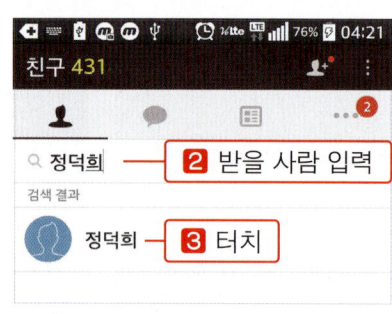

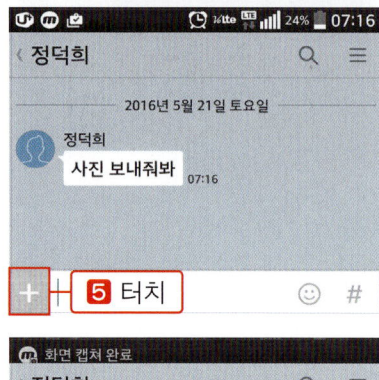

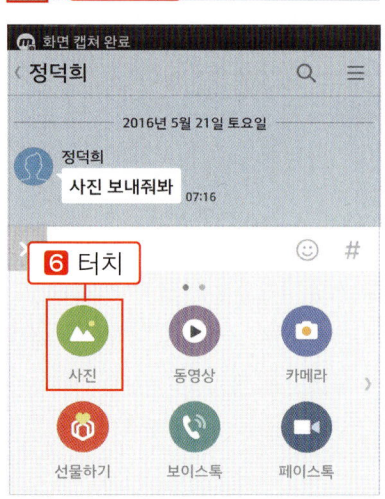

Lesson 03 PhotoWonder로 사진 편집하기

❸ 사진 자르기

사진 자르기는 이미지를 원하는 크기만큼 남기고 불필요한 부분을 없애는 기능입니다.

1 PhotoWonder 첫 화면의 [편집]을 터치하고, 작업할 이미지를 선택합니다. 이어서 [편집]의 [자르기]를 터치합니다.

2 자르기 화면에서 조절점을 조절해서 크기를 조절합니다. [비율]을 터치하면 비율에 맞춰 크기를 조절할 수 있습니다.

3 [비율] 화면에서 1:2는 가로:세로 길이의 비율을 뜻합니다. x:x는 원하는 대로 크기를 조절할 수 있습니다.

4 크기 조절이 완료되면 [체크(✓)]를 누른 후 [저장]을 터치해서 저장합니다.

④ 반전과 회전하기

반전은 이미지를 좌우로 뒤집고, 회전은 왼쪽이나 오른쪽으로 돌리는 기능입니다.

1 PhotoWonder의 첫 화면에서 [편집]을 터치하고, 이미지를 선택한 후 [편집]에서 [반전과 회전]을 터치합니다.

2 원하는 방향과 반전을 터치합니다.

Lesson 03 PhotoWonder로 사진 편집하기

3 원하는 대로 변경한 후 [체크(✓)]를 터치한 후, [저장]을 터치하여 저장합니다.

❺ 선명하게 하기

이미지를 선명하게 하는 기능입니다.

1 PhotoWonder의 첫 화면에서 [편집]을 터치하고 이미지를 선택한 후 [편집]-[선명하게]를 터치합니다.

② 슬라이드 바를 움직여 조절하고 [체크(✓)]를 누른 후, [저장]을 터치하여 저장합니다.

③ 저장된 결과는 스마트폰 초기 화면의 [갤러리]-[Photowonder] 폴더에서 확인할 수 있습니다.

 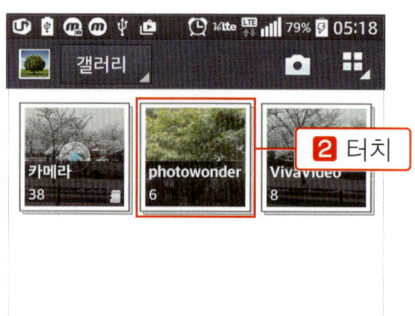

❻ 아웃포커싱

아웃포커싱은 이미지의 원하는 부분의 중심은 선명하게, 바깥 부분은 희미하게 변경하는 기능입니다.

1 PhotoWonder의 첫 화면에서 [편집]을 터치하고 이미지를 선택한 후 [편집]의 [아웃포커싱]을 터치합니다.

2 [원형 흐림효과]가 선택된 상태에서 슬라이드 바를 드래그해서 흐림 효과의 범위를 설정합니다. 선명한 부분의 중심을 드래그하면 흐림 효과의 위치를 변경할 수 있습니다. [비교]를 누르고 있으면 원본 이미지와 흐림 효과가 적용된 이미지와 비교해볼 수 있습니다.

3 [선 흐림효과]로 변경하려면 [선 흐림효과]를 터치하고 슬라이드 바를 조절합니다.

4 작업을 완료했으면 [체크(✓)]를 누른 후, [저장]을 터치하여 저장합니다.

Lesson 03 PhotoWonder로 사진 편집하기

 **매직펜**

이미지에서 불필요한 부분만 없애고 주변과 동일하게 하는 기능입니다.

1 Photowonder에서 이미지를 선택한 후, [편집]의 [매직펜]을 터치합니다.

2 지우고 싶은 부분을 매직펜으로 드래그합니다.

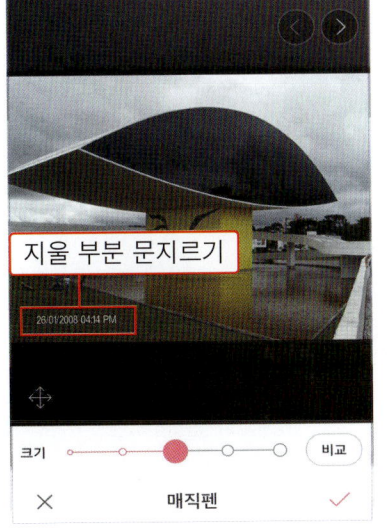 

3 [체크]하고 [저장]을 터치합니다.

8 리플렉션

물에 비춰져서 복사된 모양을 만드는 기능입니다.

1 Photowonder에서 이미지를 선택한 후 [편집]의 [리플렉션]을 터치합니다.

> **노트** 리플렉션 메뉴 위치
> [리플렉션] 메뉴가 화면에 보이지 않는다면 메뉴 리스트를 좌측으로 끌어 줍니다.

2 흐려지는 정도와 복사 방향을 선택한 후, [체크]를 눌러 [저장]을 터치합니다.

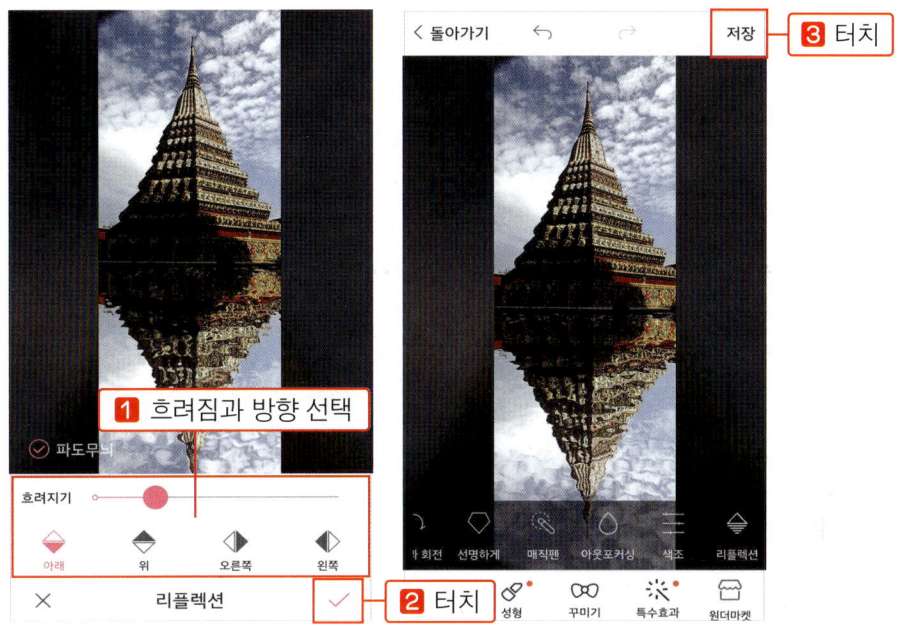

✥ 방향 설정과 파도 무늬 체크

복사하는 방향(아래, 위, 오른쪽, 왼쪽)과 파도 무늬의 체크 유무에 따라 물결 모양 없이 단순히 복사되기도 합니다.

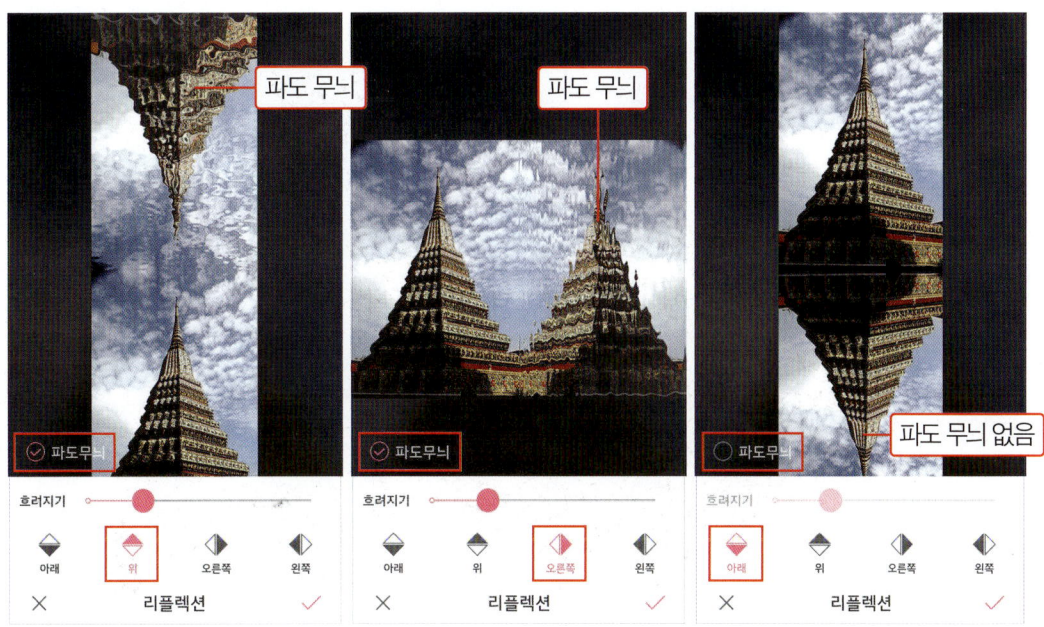

Lesson 04 PhotoWonder로 사진 꾸미기

❶ 액세서리 꾸미기

액세서리 기능은 이미지에 여러 가지 스티커 모양을 붙여 예쁘게 꾸미는 기능입니다.

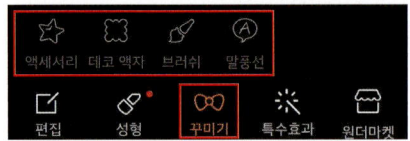

 PhotoWonder의 첫 화면에서 [편집]을 터치하고, 실습할 이미지를 선택한 후 [꾸미기]의 [액세서리]를 터치합니다.

❶ PhotoWonder 첫 화면의 [편집] 터치
❷ 이미지 선택

❸ 터치
❹ 터치

Lesson 04 PhotoWonder로 사진 꾸미기

2 액세서리 종류 중에서 [기본] 스티커를 터치해서 원하는 모양을 나타나면 선택합니다. 다른 모양을 원한다면 모양 부분을 좌우로 드래그합니다.

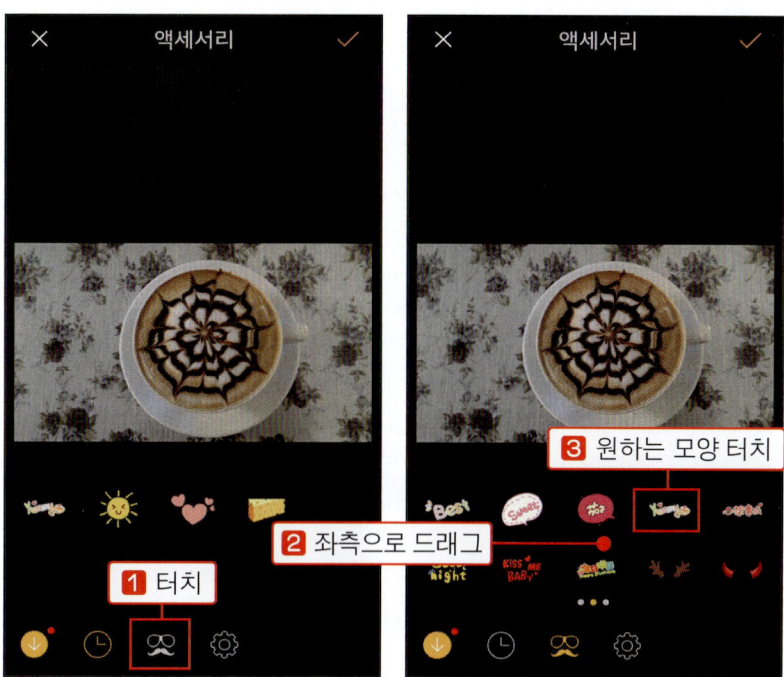

노트 — 액세서리 아이콘 기능

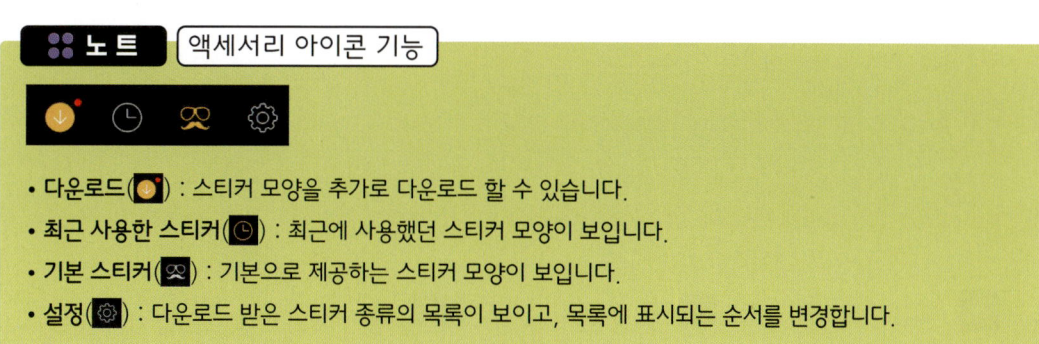

- 다운로드( ) : 스티커 모양을 추가로 다운로드 할 수 있습니다.
- 최근 사용한 스티커( ) : 최근에 사용했던 스티커 모양이 보입니다.
- 기본 스티커( ) : 기본으로 제공하는 스티커 모양이 보입니다.
- 설정( ) : 다운로드 받은 스티커 종류의 목록이 보이고, 목록에 표시되는 순서를 변경합니다.

3 스티커의 조절점을 드래그해서 원하는 모양으로 조절합니다.

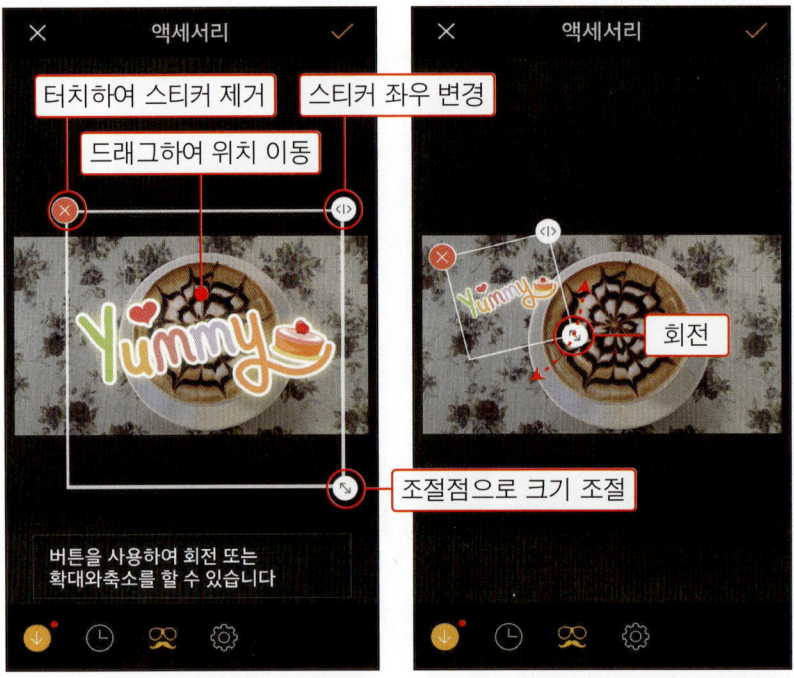

노트 　스티커 조절점

⊙ : 스티커 크기 및 회전을 시킵니다.

⟨⟩ : 터치하여 스티커의 좌우를 변경합니다.

⊗ : 스티커를 삭제합니다.

4 작업이 끝나면 [체크(✓)]를 누른 후, [저장(저장)]을 터치하여 저장합니다.

Lesson 04 PhotoWonder로 사진 꾸미기

❷ [액세서리]의 스티커 추가 다운받기

[기본] 스티커에서 추가로 더 많은 스티커가 필요할 경우 다운로드 받을 수 있습니다.
다른 메뉴에서도 추가 다운로드 할 경우는 똑같은 방법으로 하시면 됩니다.

1 [다운로드()]를 터치합니다.

2 상단의 3가지 [카툰], [액세서리], [문자] 탭 중에서 원하는 종류를 터치합니다. 선택한 탭의 스티커 모양들이 나타나면 원하는 스티커를 터치합니다.

3 선택한 스티커의 여러 가지 모양을 확인한 후 [무료다운]을 터치합니다. 만약 다른 액세서리를 원하면 [돌아가기]를 터치한 후 다른 스티커 모양을 터치합니다.

4 다운로드가 완료되면 아래와 같은 화면이 나타납니다. 다운로드된 스티커를 확인하기 위해서 [돌아가기]를 터치합니다.

Lesson 04 PhotoWonder로 사진 꾸미기

5 다운로드 받은 스티커는 하단의 체크 표시가 나타납니다. [완성]을 터치하면 [꾸미기] 화면으로 돌아가서 다운로드한 스티커를 확인할 수 있습니다.

6 다운로드 받은 스티커를 확인하거나 삭제할 경우에는 다시 다운로드(　)를 터치한 후 [나의 스티커]를 터치하면 다운로드 받은 액세서리를 확인할 수 있습니다.(단, [카툰] 탭에서 다운로드 받은 경우에는 [카툰]에서 확인할 수 있습니다.)

7 다운로드 받은 스티커를 삭제할 경우 [나의 스티커]의 [선택]을 터치합니다. 스티커의 [체크]를 터치한 후 하단의 [삭제]를 터치하면 스티커가 삭제됩니다.

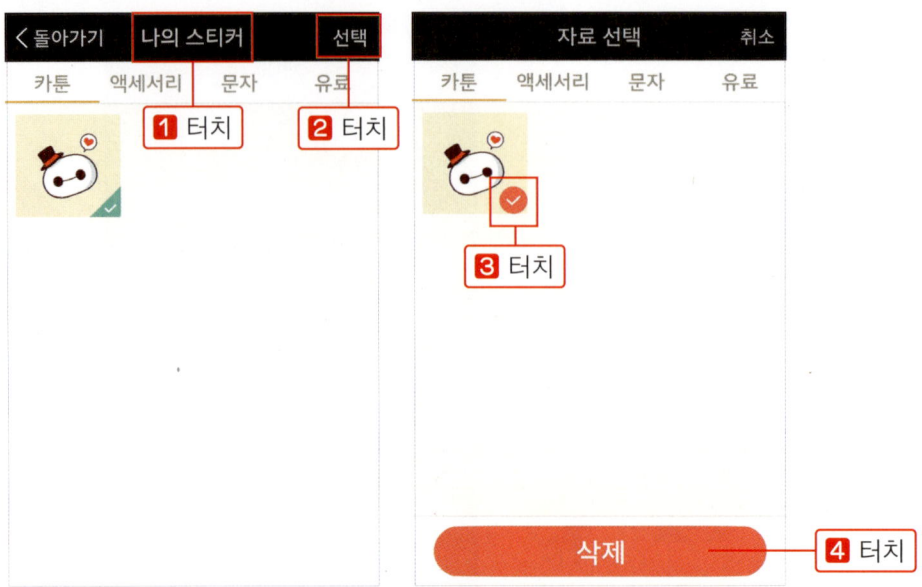

8 삭제된 후 [돌아가기]를 터치하면, [스티커 관리] 화면으로 돌아가고, [완성]을 터치하면 [꾸미기] 화면으로 전환되어 하단의 다운로드된 스티커가 삭제된 것을 알 수 있습니다.

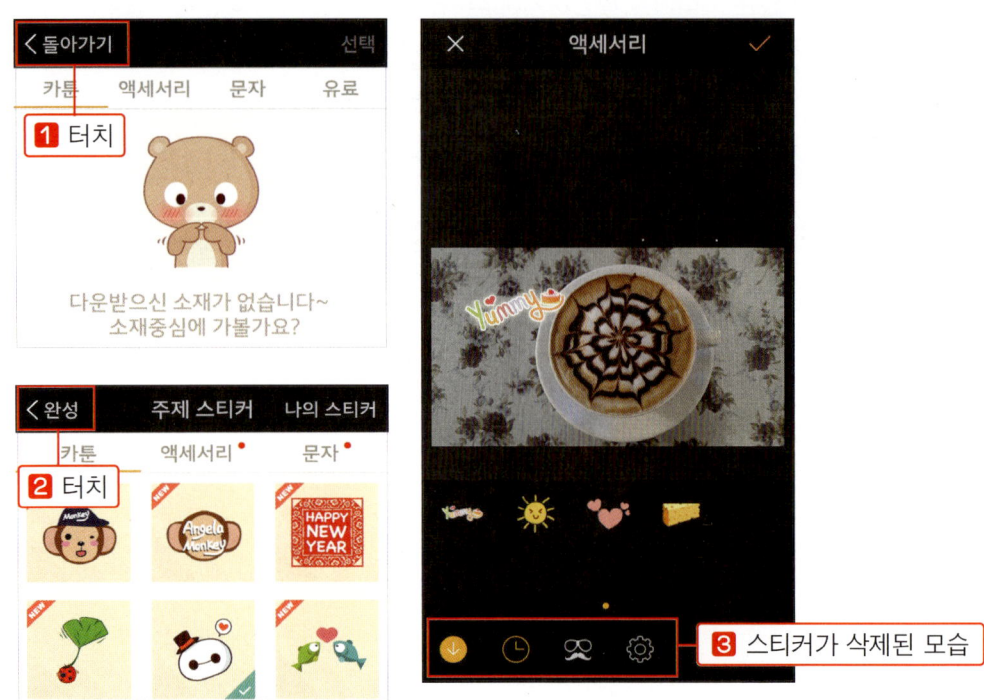

Lesson 04 PhotoWonder로 사진 꾸미기

데코 액자 꾸미기

꾸미기의 데코 액자는 이미지의 테두리(프레임)을 지정하는 기능입니다.

1 PhotoWonder의 첫 화면에서 [편집]을 터치하고, 실습할 이미지를 선택한 후 [꾸미기]의 [데코 액자]를 터치합니다.

2 원하는 데코 액자를 터치하면, 액자가 적용됩니다.

3 적용된 프레임에 맞추기 위해서 이미지를 드래그하거나 축소/확대할 수 있습니다. 이미지를 드래그해서 원하는 부분을 액자 안에 맞춥니다. 작업이 끝나면 [체크(✓)]를 눌러 저장합니다.

노트 ┃ 이동 및 확대/축소

이미지를 액자에 맞추기 위해서 원하는 대로 이동/축소/확대할 수 있습니다.

Lesson 04 PhotoWonder로 사진 꾸미기

④ 브러시로 칠하기

이미지에 붓으로 그리듯이 원하는 모양을 칠하는 것을 브러시 기능이라 합니다.

1 PhotoWonder의 첫 화면에서 [편집]을 터치하고 실습할 이미지를 선택한 후 [꾸미기]의 [브러시]를 터치합니다.

2 원하는 모양을 선택한 후 크기 슬라이더를 드래그해서 크기를 조절합니다. 그 후, 이미지의 원하는 위치를 터치하면 모양이 나타납니다.

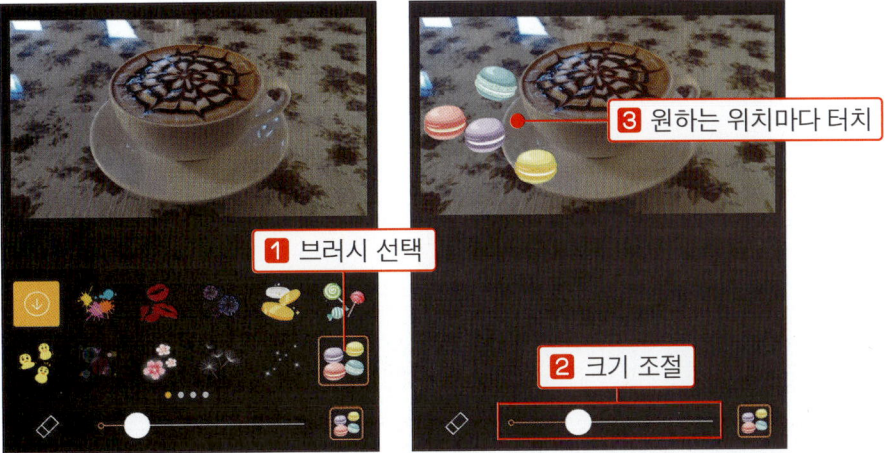

3 다른 크기의 브러시를 원한다면 슬라이더로 다시 조절하고 이미지의 원하는 위치를 터치합니다. 이미지 위의 브러시를 지우려면 [지우개]를 터치해서 지우고 싶은 곳을 문지릅니다.

 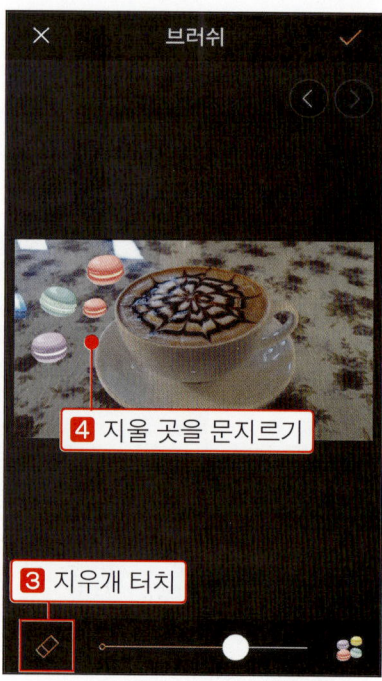

4 작업이 끝났으면 [체크(✓)]를 누른 후, [저장]을 터치하여 저장합니다.

❺ 말풍선 꾸미기

이미지에 글을 입력하는 기능을 말풍선이라 합니다.

1 PhotoWonder의 첫 화면에서 [편집]을 터치하고, 실습할 이미지를 선택한 후 [꾸미기]의 [말풍선]을 터치합니다.

2 원하는 말풍선 모양을 선택하고, 원하는 글을 입력합니다.

3 말풍선 크기를 조절하고 작업이 끝났으면 [체크]를 누르고 [저장]을 터치해서 저장합니다.

노트 | 말풍선 편집

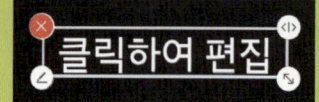

- 수정( ) : 글 입력 또는 수정, 단, [저장완료]된 후에는 수정이 불가능 합니다.
- 크기( ) : 말풍선 회전과 크기를 조절
- 좌우 반전( ) : 말풍선을 좌우 반전
- 삭제( ) : 말풍선 삭제

Part 01 스마트폰으로 사진 편집하기

Lesson 05 PhotoWonder의 특수 효과

사진의 여러 가지 특수한 효과를 설정해주는 기능입니다.

1 PhotoWonder의 첫 화면에서 [편집]을 터치하고, 실습할 이미지를 선택한 후 [특수효과]를 선택합니다.

편집

1 PhotoWonder 첫 화면의 [편집] 터치
2 이미지 선택

3 터치

2 [아트]를 터치한 후, 원하는 효과를 터치합니다. 오른쪽 슬라이더를 드래그하면 효과를 최대/최소로 설정할 수 있고, [비교]를 누르고 있으면 원본 이미지와 비교해 볼 수 있습니다.

특수 효과에는 [인물], [클래식], [장면], [아트] 등으로 구분되어 있습니다. 모든 효과를 테스트할 수는 없지만 어떤 분류에 어떤 효과가 있는지 대략적으로 살펴보고, 원하는 효과가 있다면 상황에 따라 적용하기 바랍니다.

✥ 인물

[인물]에는 "자연, 미백, Pink, 복고, 담아하게, 우아한" 등의 특수 효과가 있습니다.

✦ 클래식

[클래식]에는 "윈도우, 따뜻하게… 덧없는, 달콤한, 흑백" 등 총 17가지의 특수 효과가 수록되어 있습니다.

✦ 장면

[장면]에는 "영리하게, 소영, 따뜻한, 네온, 시간여행" 등의 특수 효과가 수록되어 있습니다.

✥ 아트

[아트]에는 "화포, 포지티브 … 몽환, 눈부신 꿈" 등 총 9가지의 특수 효과가 수록되어 있습니다.

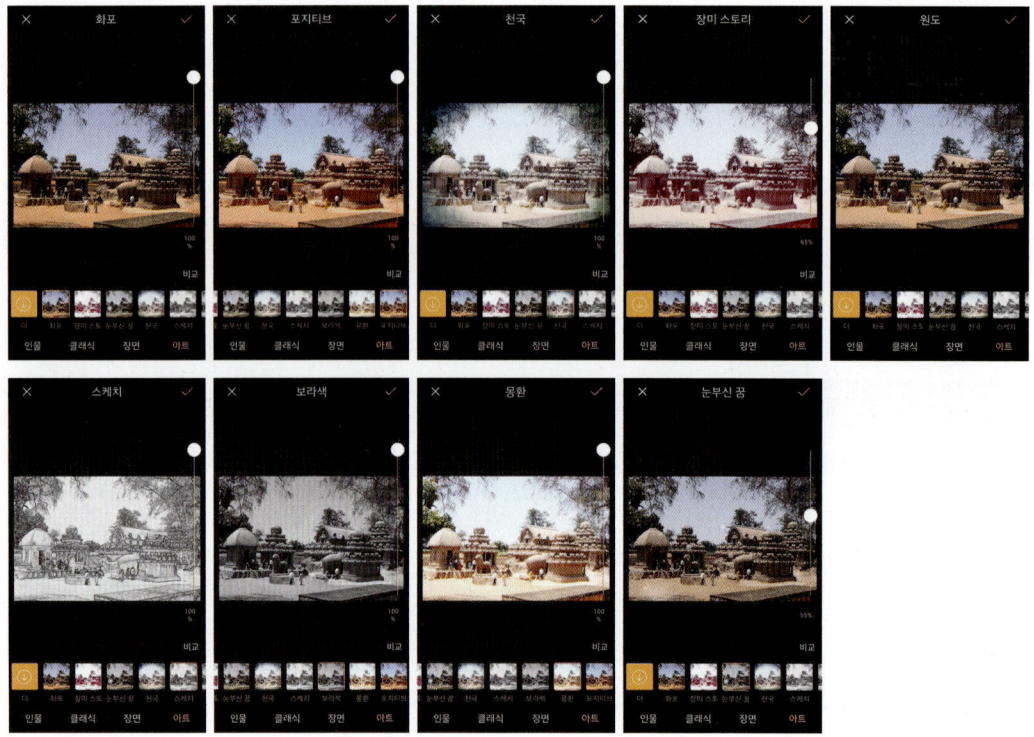

Part 01 스마트폰으로 사진 편집하기

Lesson 06 PhotoWonder의 콜라주

콜라주란 여러 장의 이미지를 형태에 따라 배열하는 기능입니다. 쉽게 표현하자면, 여러 장의 사진을 배치하여 한 장의 사진으로 만드는 것으로 이해해도 됩니다.

이전 레슨에서는 PhotoWonder의 초기 화면의 [편집]에서 사진 꾸미기를 했다면, 콜라주는 첫 화면의 [콜라주]를 선택하여 작업해야 합니다.

❶ 콜라주 - 심플 테마

1 PhotoWonder의 첫 화면에서 [콜라주]를 터치한 후, [심플]에서 [9:16] 비율을 터치하고, 원하는 모양을 터치합니다.

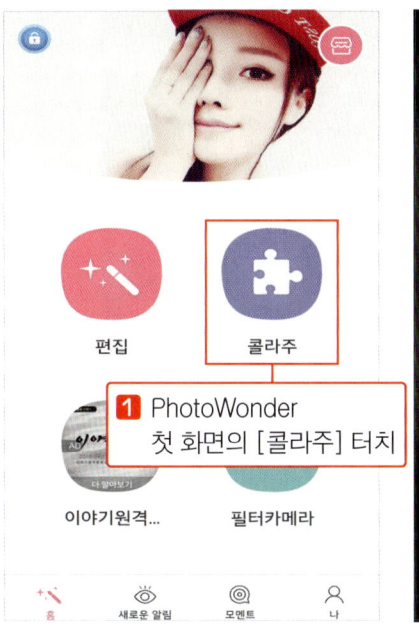

1 PhotoWonder 첫 화면의 [콜라주] 터치

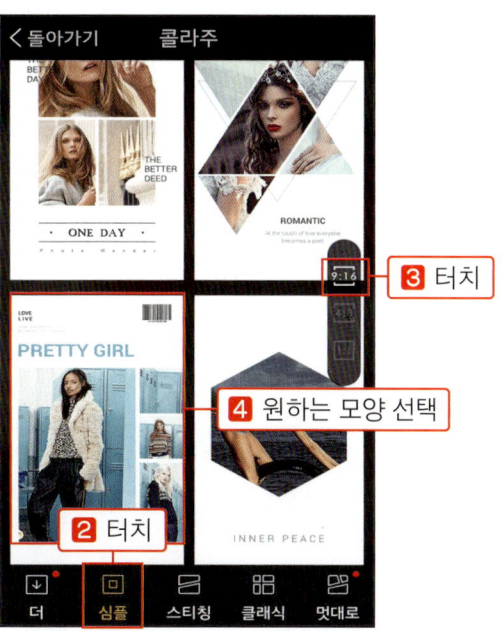

2 터치
3 터치
4 원하는 모양 선택

노트 — 심플 테마의 비율 형태

[콜라주]의 [심플] 테마는 전체 크기의 비율에 따라서 가로:세로 [9:16], [4:3], [1:1] 비율의 3가지 형태가 제공됩니다.

[9:16 비율]　　　[4:3 비율]　　　[1:1 비율]

2 사용할 이미지를 원하는 만큼(최대 9장까지) 터치하고 [콜라주 시작]을 터치합니다.

3 [바탕]을 터치해서 원하는 [바탕색]과 [바탕 무늬]를 선택합니다.

4 글자를 수정하려면 글자를 터치한 후 글을 입력하고 를 터치하여 글씨체를 지정합니다.

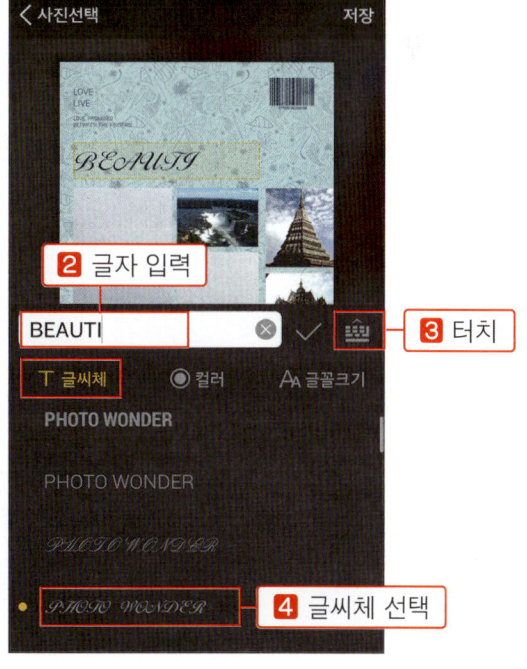

5 글씨체를 지정했으면 이어서 [컬러], [글꼴 크기] 등을 지정합니다.

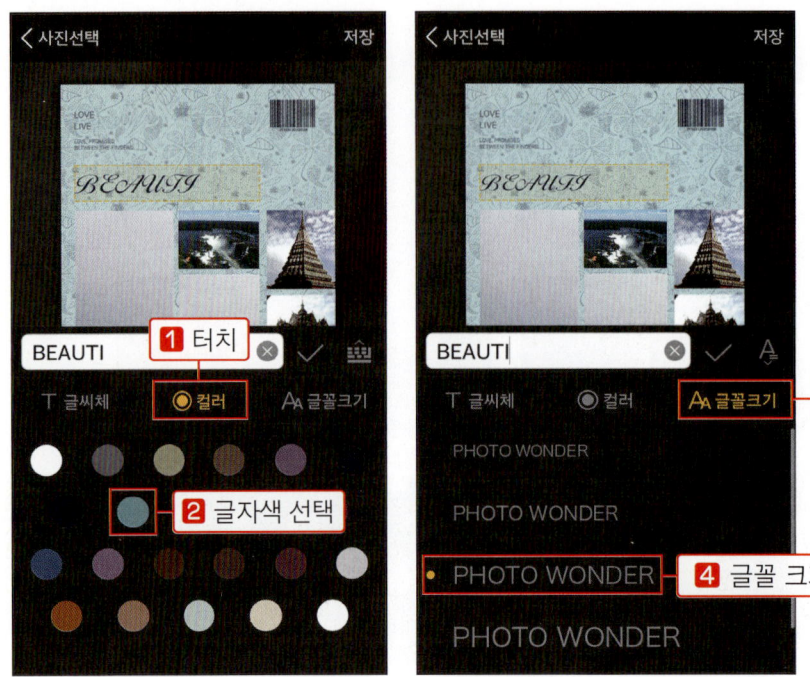

6 콜라주 작업을 마쳤으면 [저장]을 터치하여 저장합니다.

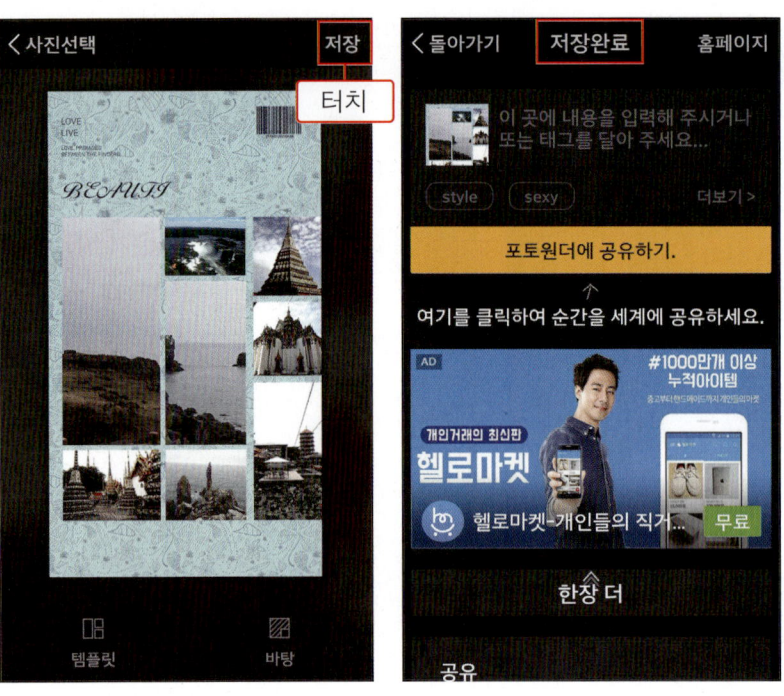

Lesson 06 PhotoWonder의 콜라주

노트 콜라주의 [템플릿]

[템플릿]은 [심플] 테마의 모양을 선택하는 화면으로 전환됩니다.

❷ 콜라주 - 스티칭 테마

1 PhotoWonder의 첫 화면에서 [콜라주]를 터치하고, [스티칭] 테마를 터치합니다.

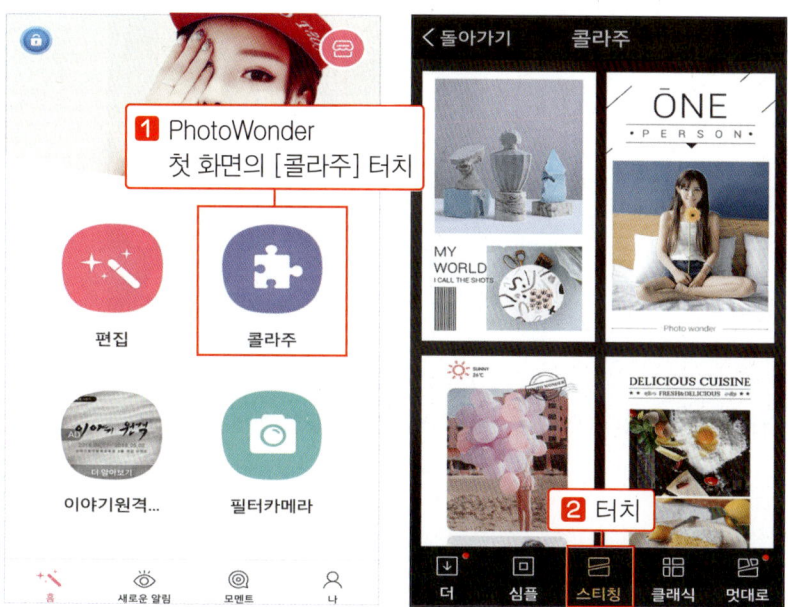

2 원하는 사진만큼(최대 9장까지) 터치하여 선택하고 [콜라주 시작]을 터치합니다.

3 하단의 [바탕]을 터치한 후, 원하는 [배경색]과 [배경 무늬]를 터치합니다.

 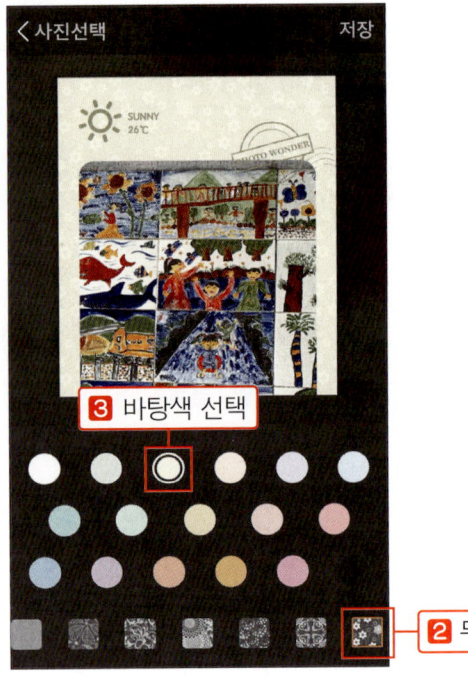

4 작업이 끝나면 [저장]을 터치하여 저장합니다.

③ 콜라주 - 클래식 테마

1 PhotoWonder의 첫 화면에서 [콜라주]를 터치합니다. 이어서 [클래식]을 터치하고 원하는 유형을 선택합니다.

2 기본 모양에 따라서 들어가는 사진의 개수가 다릅니다. 모양의 이미지 개수만큼 터치한 후 [콜라주 시작]을 터치합니다.

3 이미지의 위치를 변경할 경우에는 원하는 위치로 드래그하면 변경됩니다.

4 [테두리]를 터치한 후 슬라이드 바를 드래그해서 테두리의 간격을 조절합니다. 테두리 조절이 끝나면 [테두리 메뉴 접기]를 터치합니다.

 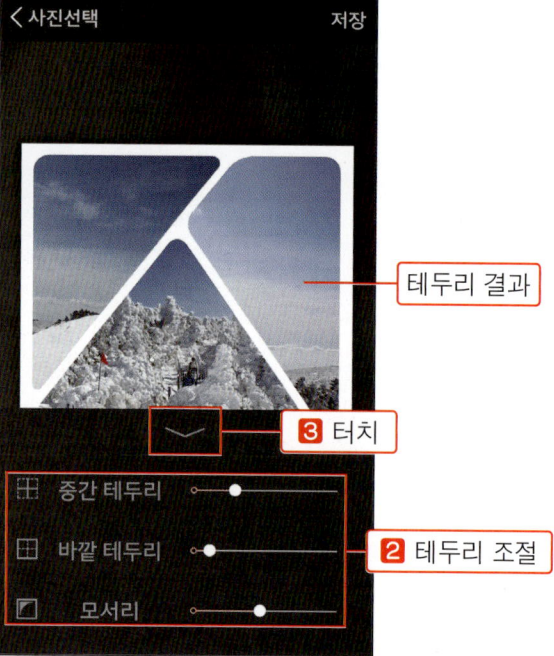

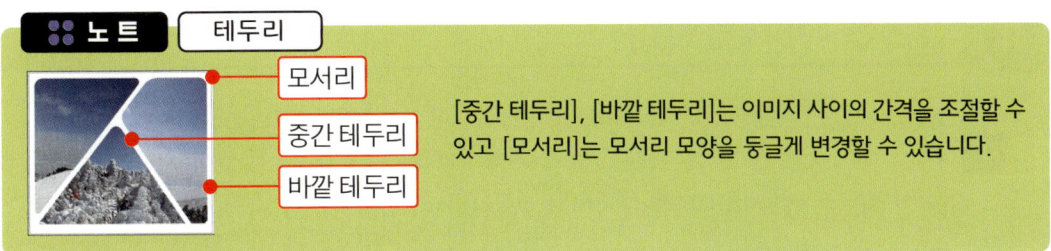

[중간 테두리], [바깥 테두리]는 이미지 사이의 간격을 조절할 수 있고 [모서리]는 모서리 모양을 둥글게 변경할 수 있습니다.

5 [바탕]을 터치한 후 배경색과 배경 무늬를 설정합니다.

6 작업이 완료되면 [저장]을 터치합니다.

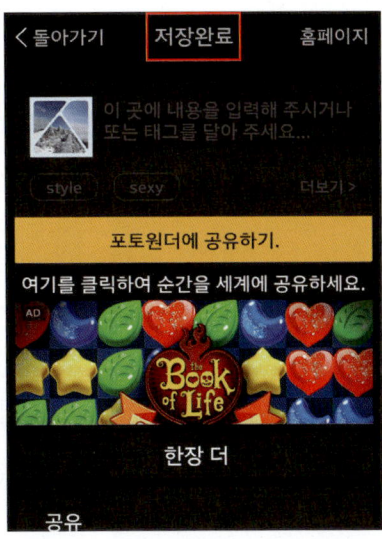

4 콜라주 - 멋대로 테마

1 PhotoWonder의 첫 화면에서 [콜라주]를 터치합니다. [멋대로]를 터치하고 원하는 바탕을 선택한 후 넣을 이미지를 선택하고, [콜라주 시작]을 터치합니다.

2 이미지를 드래그해서 원하는 대로 이동시키고, 터치해서 크기를 조절합니다. 작업이 끝나면 [저장]을 터치해서 저장합니다.

노트 [레이아웃]

[레이아웃]을 터치하면 사진 배열을 변경할 수 있습니다. [멋대로]가 사용자 임의대로 배치하는 것이라면 [레이아웃]은 어느 정도 정해진 기본 틀에 사진을 배치한 후, 사용자가 조금씩 수정할 수 있는 틀입니다. [레이아웃]에서도 이미지 크기 조절이나 위치 변경을 할 수 있습니다.

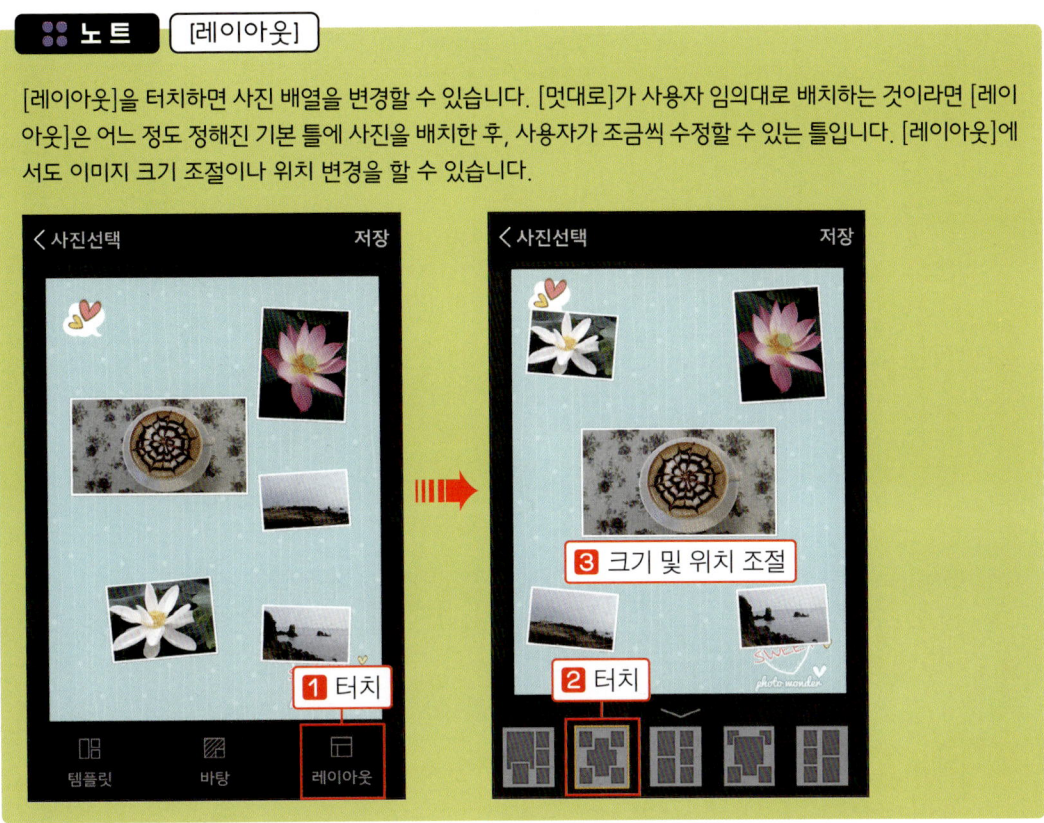

3 저장한 결과물은 작업 중인 PhotoWonder를 종료하고, 스마트폰 갤러리의 [Photowonder] 폴더를 보면 확인할 수 있습니다.

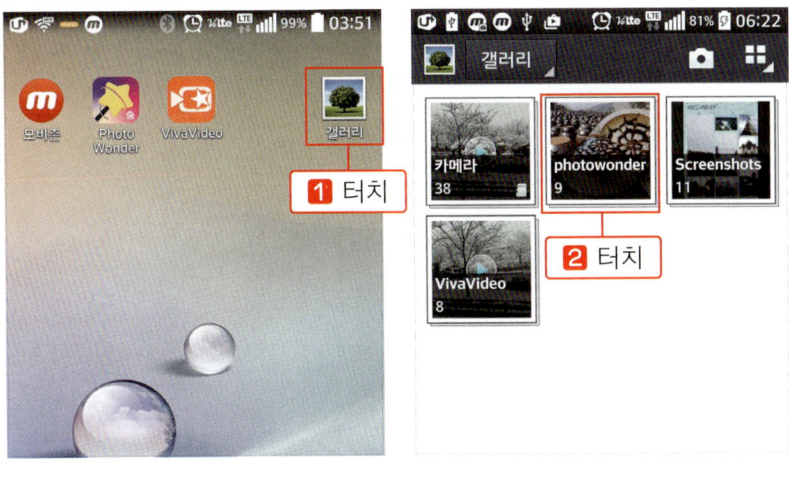

Lesson 07 동영상 편집 앱 비바비디오 설치하기

비바비디오는 스마트폰에서 사진이나 영상을 가지고 편집하여 새로운 동영상을 만들 수 있는 앱입니다. 다른 앱보다 기능이 다양하고 사용하기 쉬워서 많은 사용자를 확보하고 있는 동영상 편집 앱입니다.

✦ 동영상이란?

정지된 이미지(사진)을 연속해서 보여줘 마치 연결되어 있는 움직이는 영상처럼 보여주는 것을 동영상이라 합니다.

✦ 클립이란?

잘린 형태, 잘린 영역을 의미합니다. 한 장면의 일부분을 빼 낸 짧은 일부분입니다. 예를 들어, film clip, video clip, audio clip 등이 합니다.

✦ 비바비디오 편집을 위한 핸드폰 사양

핸드폰 사양은 삼성 스마트폰은 갤럭시 계열 이상, LG 스마트폰은 G2 계열 이상, 아이폰은 아이폰4 계열 이상이면 무난한 편집이 이뤄질 수 있습니다.

Lesson 07 VivaVideo 설치하기

스마트폰으로 영상, 사진, 음악을 편집할 수 있는 영상 편집 앱 비바비디오를 다운로드 받아 설치하는 것을 알아보겠습니다.

1 비바비디오 앱을 설치하기 위해서 [앱] 메뉴를 터치한 후 [Play 스토어]를 터치합니다.

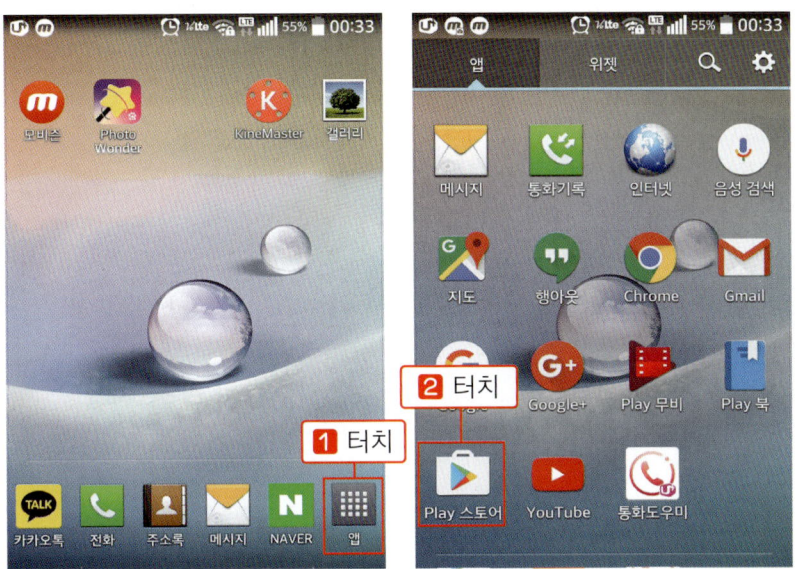

2 검색란에 '비바비디오'라고 입력하고, 나타나는 결과 화면에서 [VivaVideo]를 터치합니다.

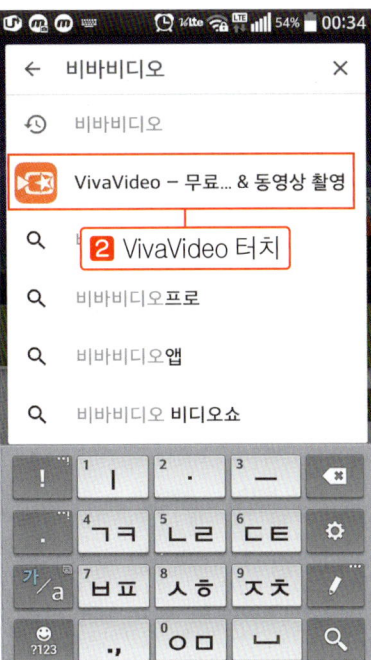

3 비바비디오 설치 화면에서 [설치]를 터치한 후 환경 설정에 관련된 사항에 대해서 [동의]를 터치하면 설치가 진행됩니다.

 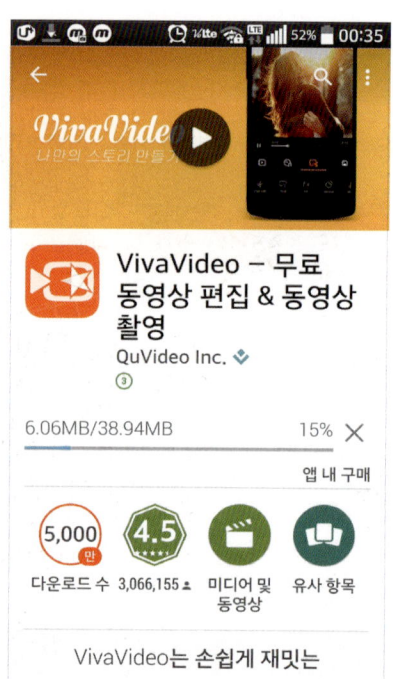

4 설치가 완료되면 [열기]를 터치합니다.

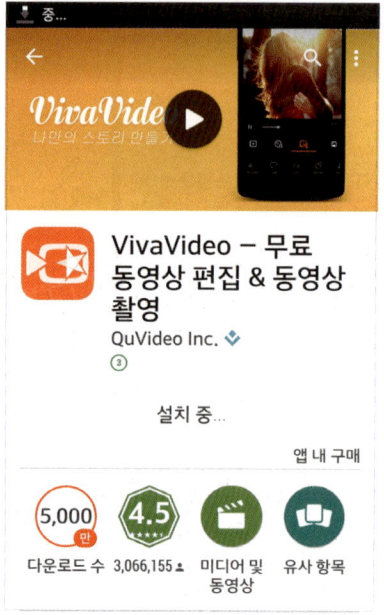 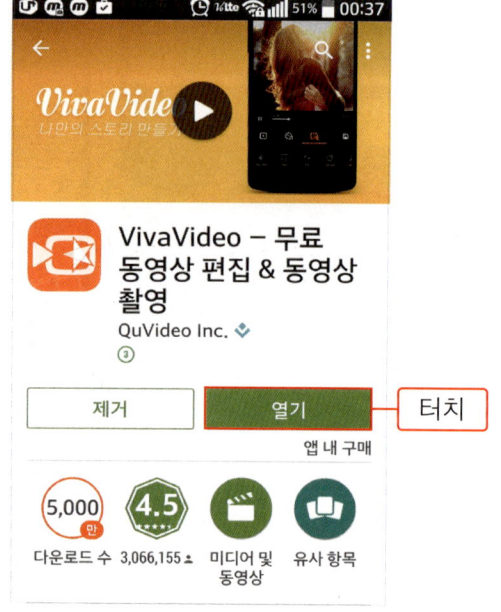

✥ 비바비디오의 영상 편집 길이

- 비바비디오에서 무료로 영상 편집을 하면, 최대 5분 길이까지 저장 가능하고 비바비디오 로고가 나타납니다.
- 워터마크 제거, HD 고화질 내보내기, 시간 제한 제거(5분 이상), 광고 없음(저장 완료 후, 나타나는 광고)을 없앨 경우에는 [지금 업그레이드]를 클릭해서 유료로 구매하여야 합니다.
- 유료 회원은 [VIP 회원 되기]를 눌러 연간 정액제로 구분되며 [1년 구독]을 터치하면 3일 무료 체험 후 자동 결제됩니다.

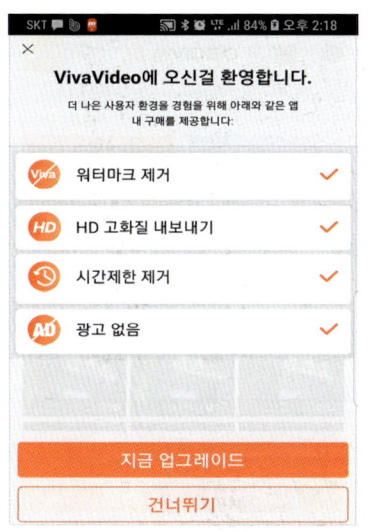

월정액제로 안할 경우는 취소를 눌러 처음 페이지로 되돌아옵니다. 만약 유료로 할 경우에는 첫 페이지의 [설정]을 눌러 [VIP회원 되기]를 터치하면 연간 정액제로 가입할 수 있습니다.

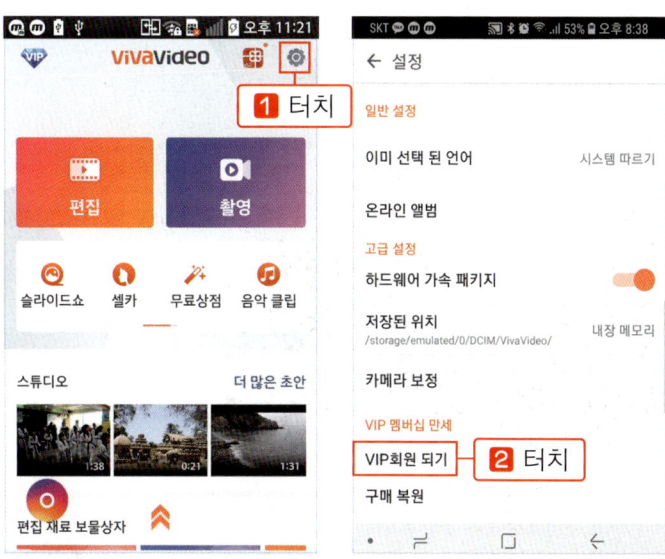

Part 02 스마트폰으로 동영상 만들기

Lesson 08 영상에 타이틀 만들기

비바비디오 앱에서 [타이틀]은 미리 제공된 제목과 음악과 효과들을 사용하여 영상 편집을 할 수 있습니다. 적용한 [타이틀]의 제목, 음악, 효과 등은 수정 및 추가 가능합니다.

이번 레슨에서는 영상을 편집하는 것이므로 작업 전에 미리 스마트폰에 영상이 수록되어 있어야 합니다. 준비된 영상이 없다면 카메라 기능에서 동영상을 촬영한 후, 그 영상으로 작업하기 바랍니다.

❶ 영상에 타이틀 만들기

1 [VivaVideo]를 터치해서 앱을 실행한 후 [편집]을 터치합니다.

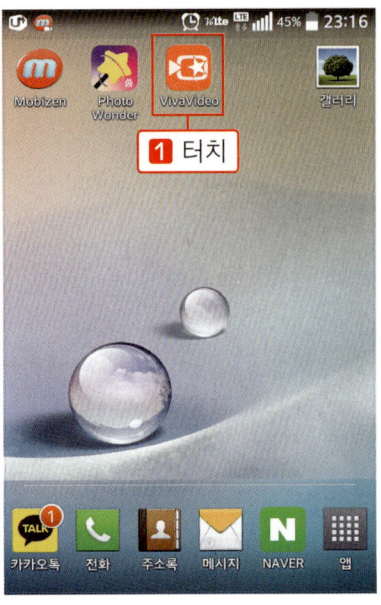 

Lesson 08 영상에 타이틀 만들기

2 [비디오] 탭에서 영상을 선택한 후 [다음]을 터치하고 [추가]를 터치합니다.

3 영상을 잘못 선택한 경우에는 [삭제]를 터치해서 삭제하고, 또 다른 영상을 추가로 선택할 경우에는 다른 영상을 터치해서 추가합니다.

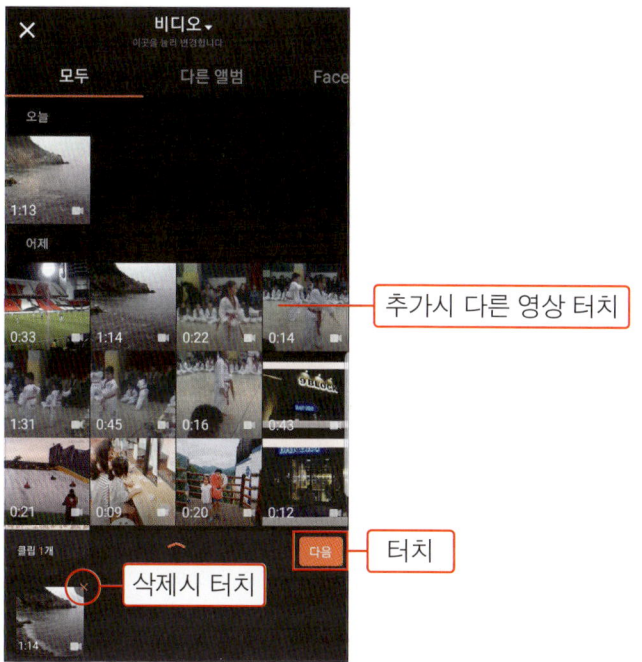

4 불러온 영상에 타이틀을 작성하기 위해 원하는 타이틀을 터치한 후 변화된 모습을 확인합니다.

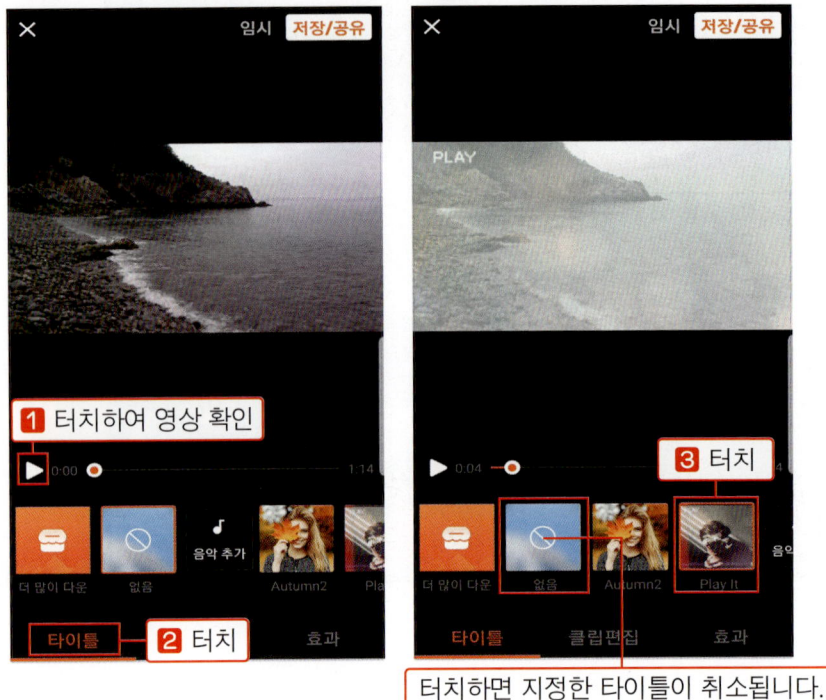

5 타이틀을 지정했으면 [저장/공유]를 터치한 후, [갤러리로 저장]을 터치해서 스마트폰에 저장합니다.

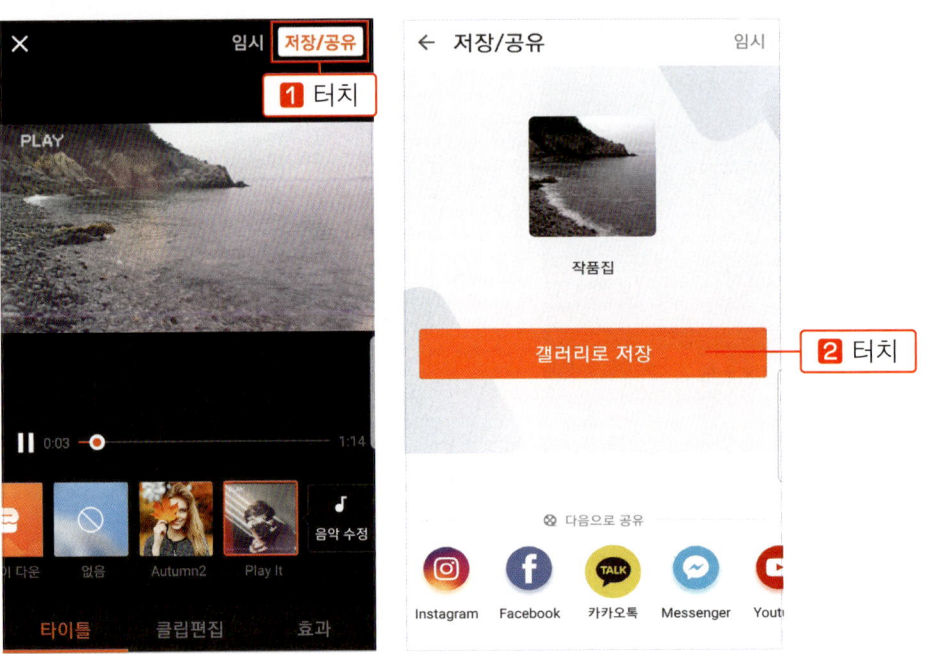

Lesson 08 영상에 타이틀 만들기

6 저장한 동영상 파일은 스마트폰의 [갤러리]의 [비바비디오]에 저장됩니다.

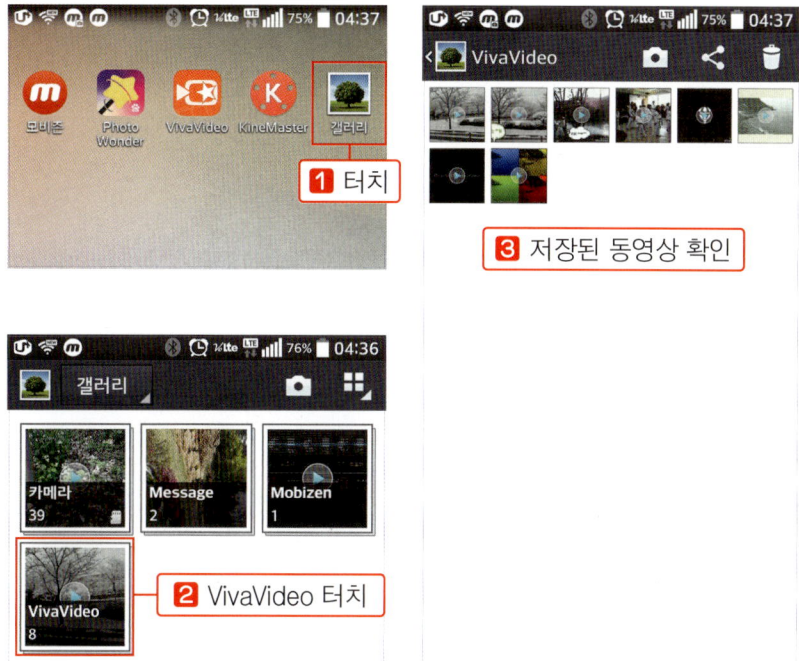

:: 노트   다른 곳에 저장

[저장/공유]에서 [갤러리로 저장]이 아닌 [카카오톡], [Facebook] 등의 다른 곳으로 공유할 경우에도 [갤러리에 저장]이 되면서 다른 곳과 공유됩니다.

❷ 다른 타이틀 다운로드하기

1 다른 타이틀 영상을 추가하기 위해서 [타이틀] 하단의 [더 많이 다운]을 터치합니다.

2 원하는 영상의 제목을 터치하면 미리보기를 볼 수 있습니다. 미리보기를 본 후 [다운로드]를 눌러 다운받을 수 있습니다.

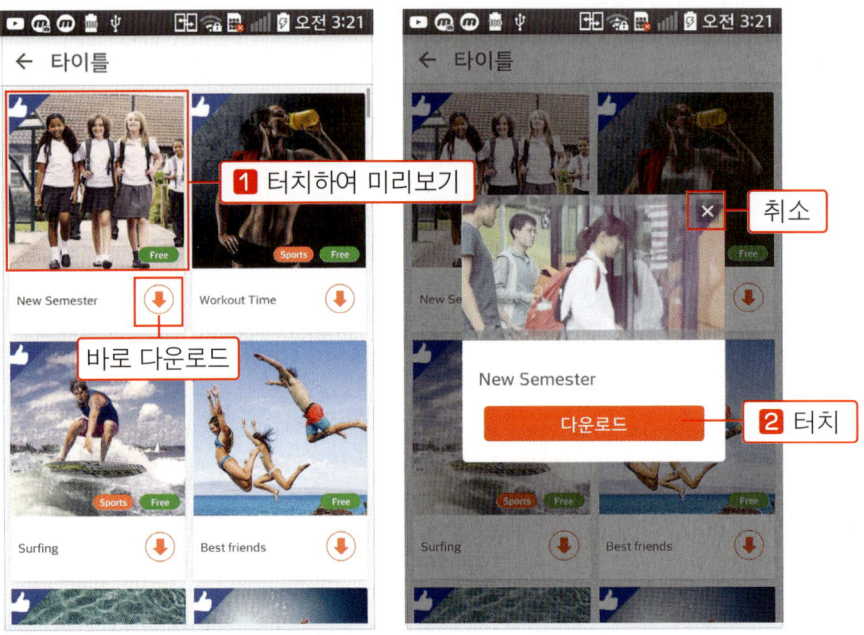

Lesson 08 영상에 타이틀 만들기

3 다운로드가 완료되면 화살표 모양이 변경됩니다.

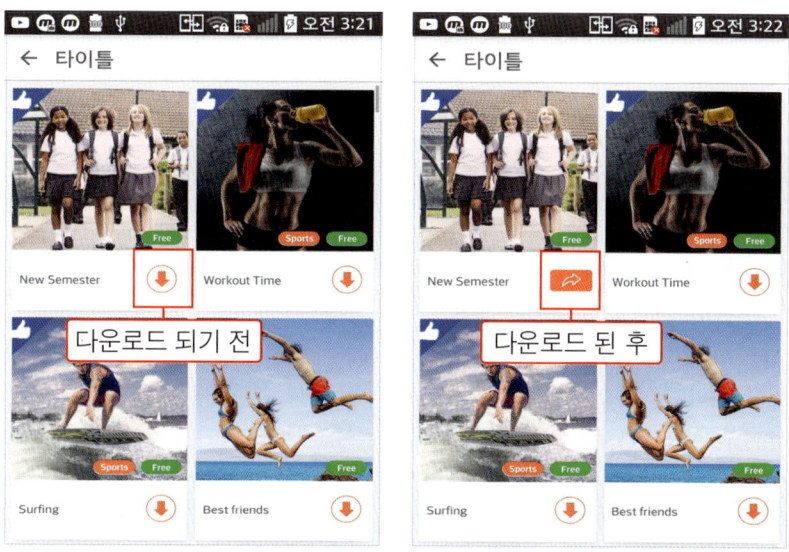

4 다운로드한 타이틀을 삭제하려면 비바비디오 첫 페이지의 [무료상점]을 터치합니다. 이어서 [타이틀]을 누르고 [관리(📁)]를 터치하면 다운로드한 타이틀 목록이 나타납니다. 삭제할 경우에는 [삭제]를 터치합니다.

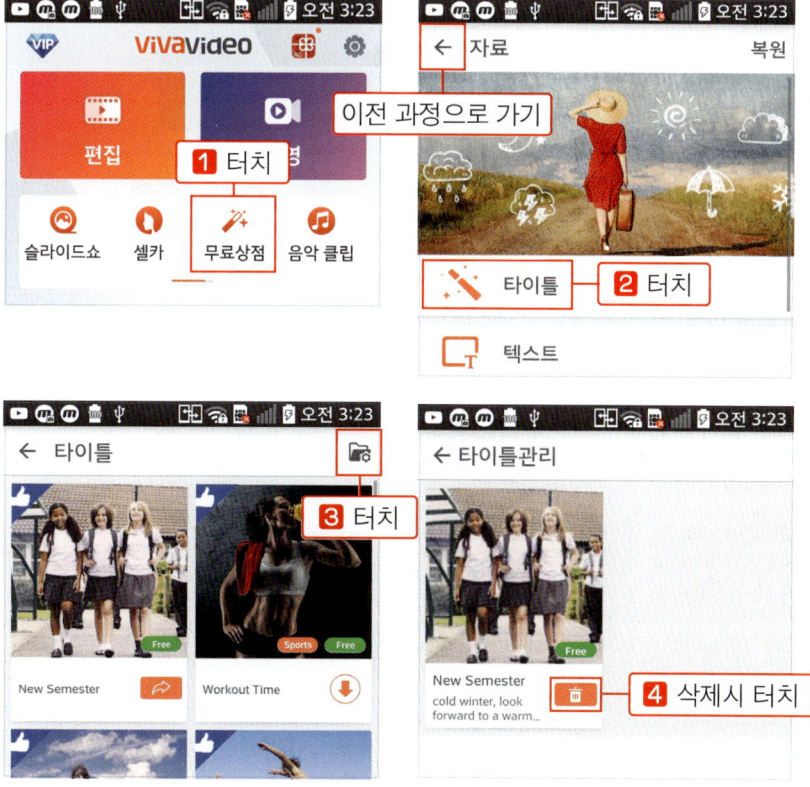

✥ 텍스트가 있는 타이틀 수정

[T]가 있는 타이틀은 텍스트를 수정할 수 있고, 해당 타이틀 아이콘을 한번 더 누르면 수정 가능합니다.

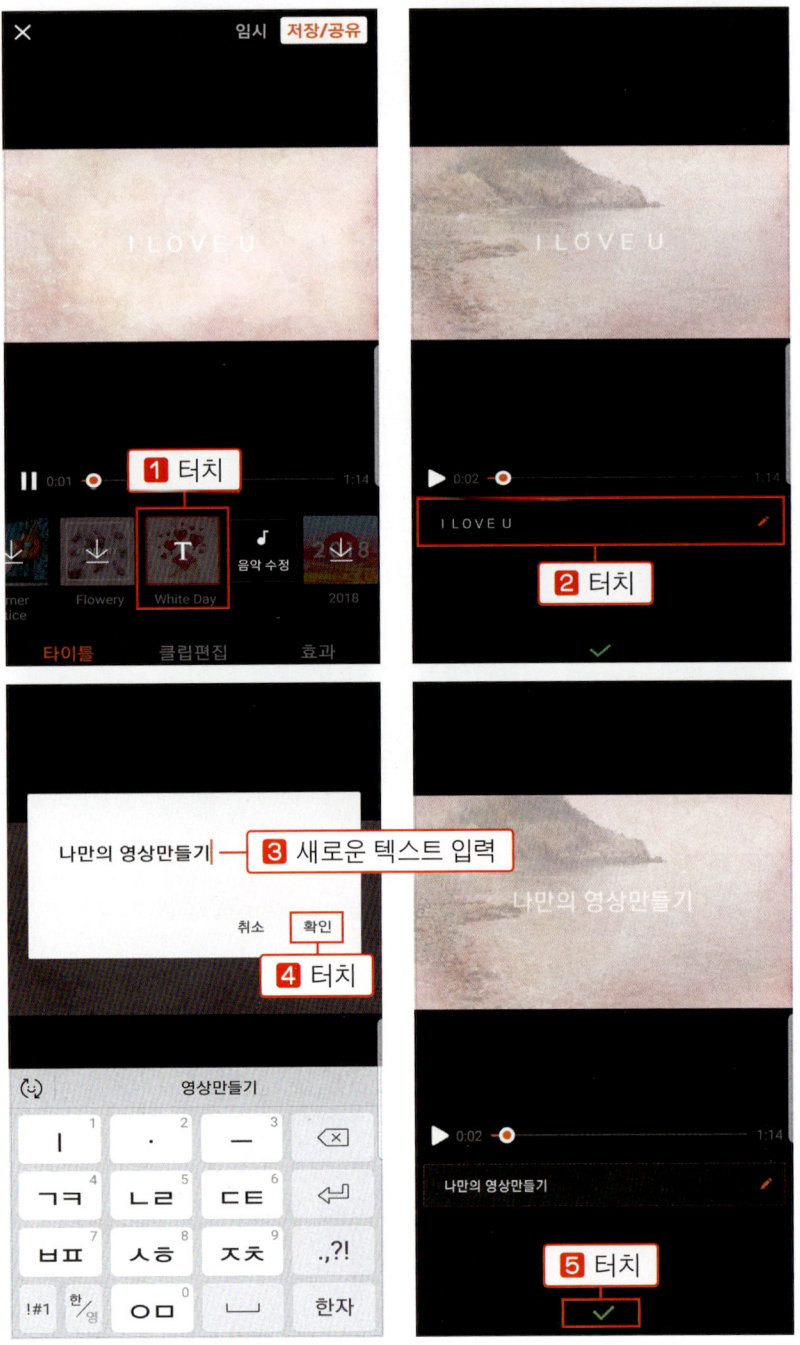

Part 02 스마트폰으로 동영상 만들기

Lesson 09 사진으로 영상 만들기

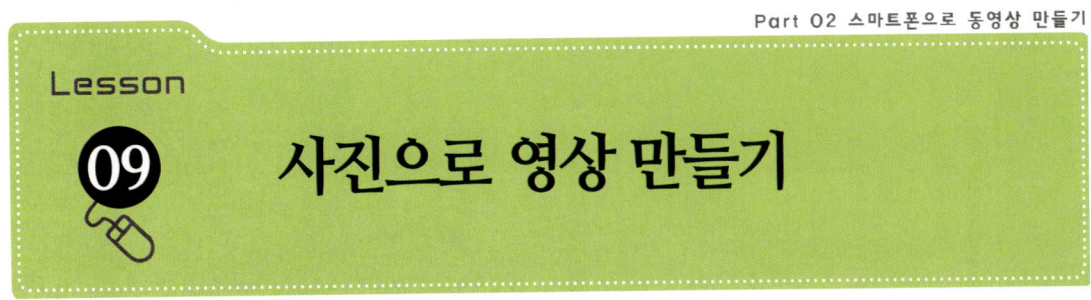

이번 레슨에서는 동영상이 아닌 사진만으로 영상을 만드는 작업을 살펴보겠습니다. 일반적으로 사용자들이 영상보다는 사진을 많이 찍으므로 사진으로 영상 만드는 작업이 흔하게 접하게 되는 작업이 될 수 있습니다.

1 [비바비디오]의 첫 화면에서 [편집]을 터치합니다.

2 [비디오]를 터치하여 [사진]을 터치합니다. [사진]으로 변경되면 영상을 만들 사진들을 터치합니다.

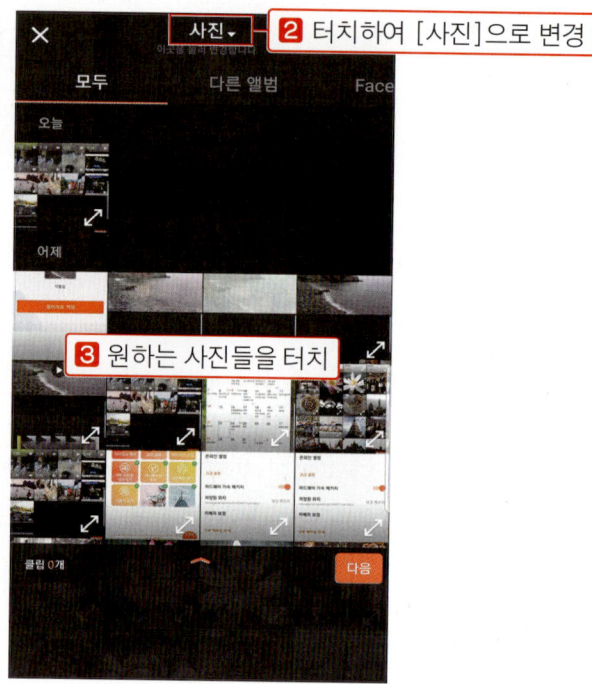

3 사진을 모두 선택했으면 [다음]을 터치합니다.

4 [타이틀]에서 원하는 타이틀을 선택한 후, 음악을 변경하기 위해서 [음악수정]을 터치합니다.

5 음악 제목을 터치한 후, 원하는 음악을 선택하고 [추가]를 터치합니다.

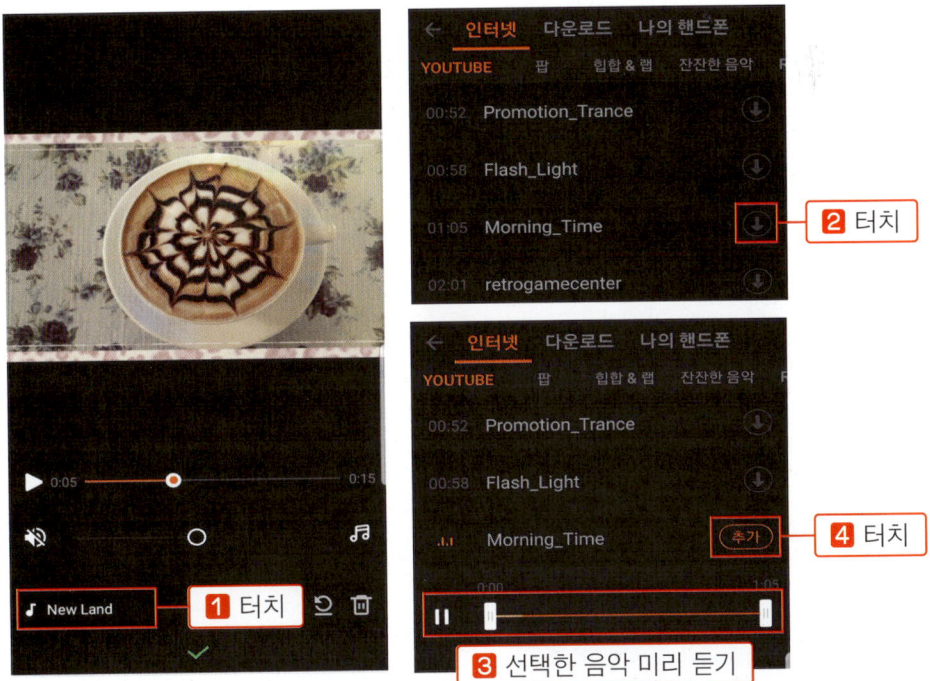

노트 음악 선택

- [인터넷]은 여러 가지 장르별 음악을 선택할 수 있습니다.
- [다운로드]는 인터넷에서 다운로드한 음악 목록이 나타납니다.
- [나의 핸드폰]은 스마트폰에 저장된 mp3파일이나 녹음된 파일을 선택할 수 있습니다.

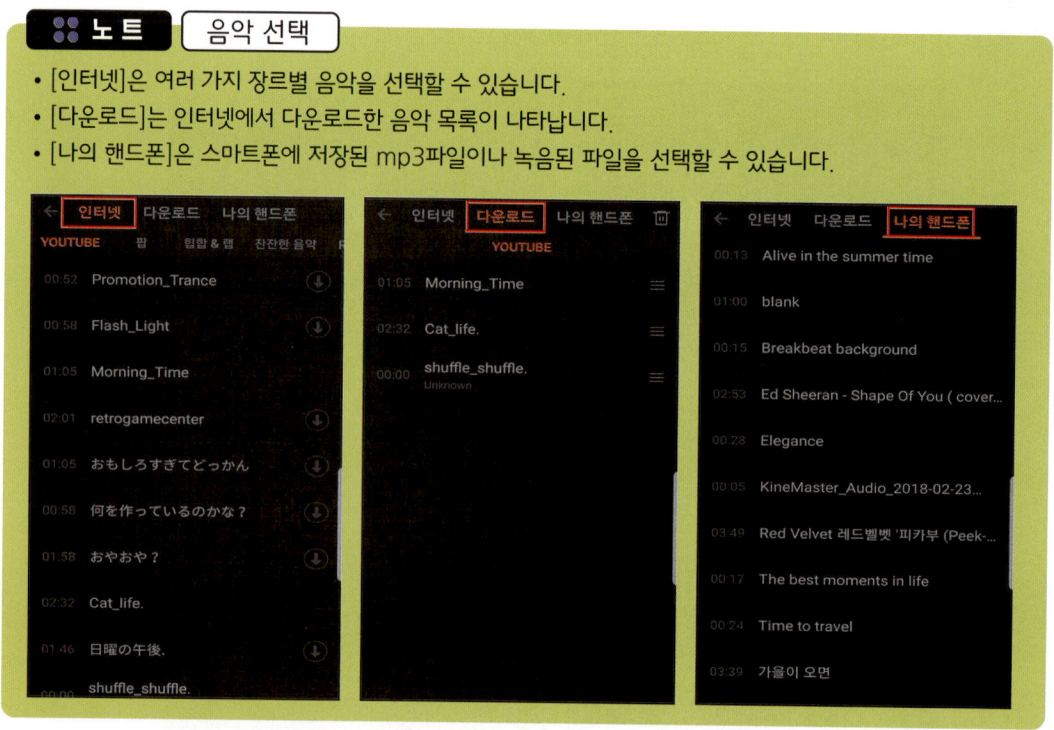

6 음악을 설정하여 작업을 마쳤다면 [저장/공유]를 터치해서 [갤러리에 저장]을 합니다.

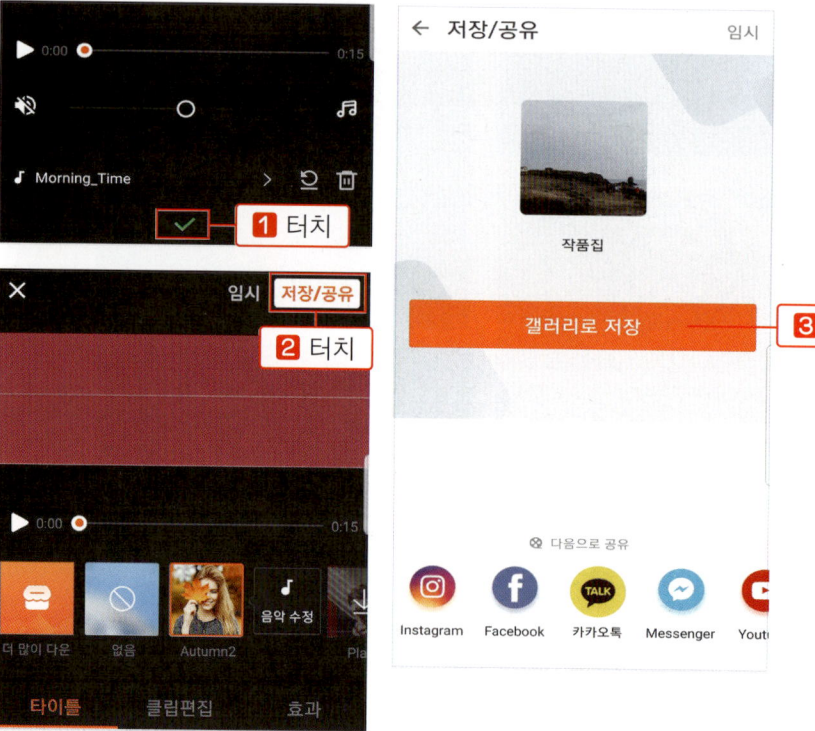

✥ 음악 삭제/추가

음악을 삭제할 경우에는 [휴지통]을 눌러 삭제, 추가하려면 [탭하여 BGM추가]를 터치합니다. 작업 화면으로 되돌아가려면 [체크]를 눌러 이동합니다.

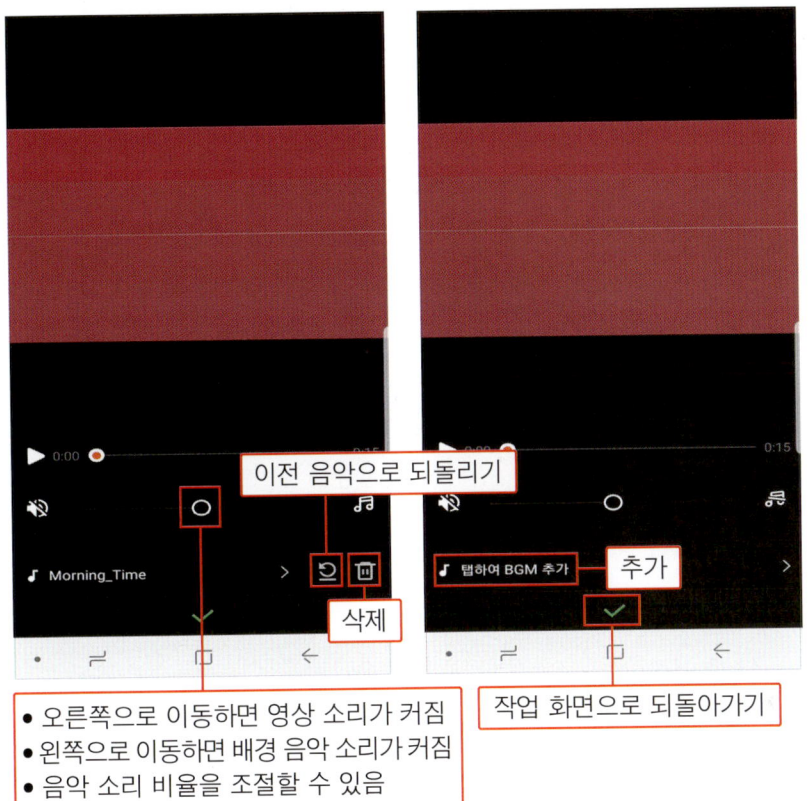

Part 02 스마트폰으로 동영상 만들기

Lesson 10 사진으로 슬라이드 쇼 영상 만들기

앞 레슨에서 배운 [사진으로 영상 만들기] 작업은 사진에 [타이틀]을 추가해서 작업하고 사진의 길이(사진 한 장당 보여질 시간)를 별도로 설정 불가능합니다.

반면 이번 레슨의 [슬라이드쇼] 작업은 사진을 먼저 추가해서 사진 길이(시간)를 조정 가능하고 영상 클립을 추가할 경우 편집 화면에서 [클립 추가] 기능을 이용해서 추가 가능합니다.

1 [비바비디오]의 첫 화면에서 [슬라이드쇼]를 터치합니다.

2 이미지를 원하는 개수만큼 선택합니다. 잘못 선택한 사진은 ☒를 터치해서 해제할 수 있습니다. 원하는 사진이 다 선택되면 [다음]을 터치합니다.

3 [타이틀]에서 원하는 타이틀을 터치합니다. 변경할 경우에는 다른 [타이틀]을 터치합니다. 상세한 과정은 앞에서 설명한 Lesson 8 (66쪽)을 참조하기 바랍니다.

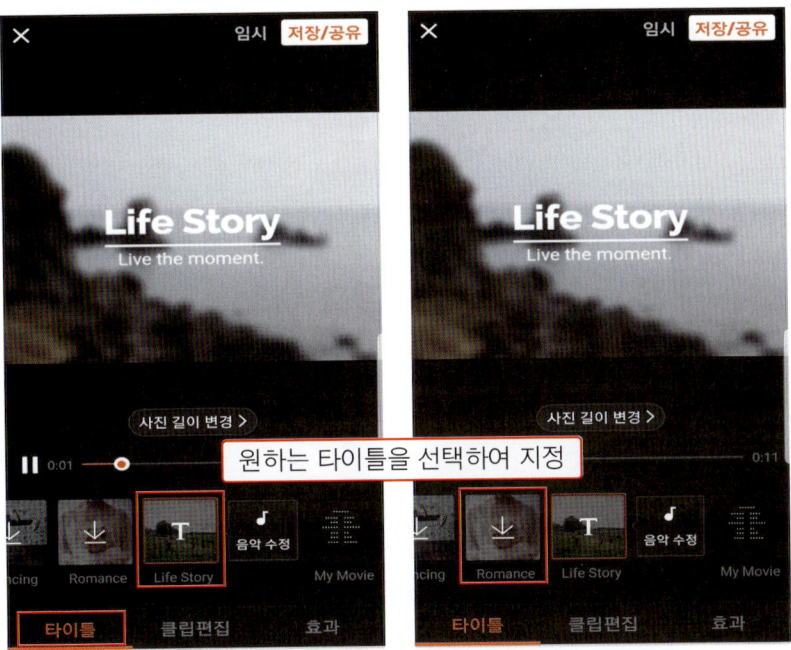

4 사진 한 장당 보여줄 시간을 설정하기 위해서 [사진 길이 변경]을 터치하여 시간을 설정한 후 [체크]를 터치합니다. 작업을 마쳤다면 [저장/공유]-[갤러리로 저장]을 터치합니다.

5 저장이 끝난 후, [첫 페이지]를 선택하면 비바비디오의 첫 페이지로 이동합니다.

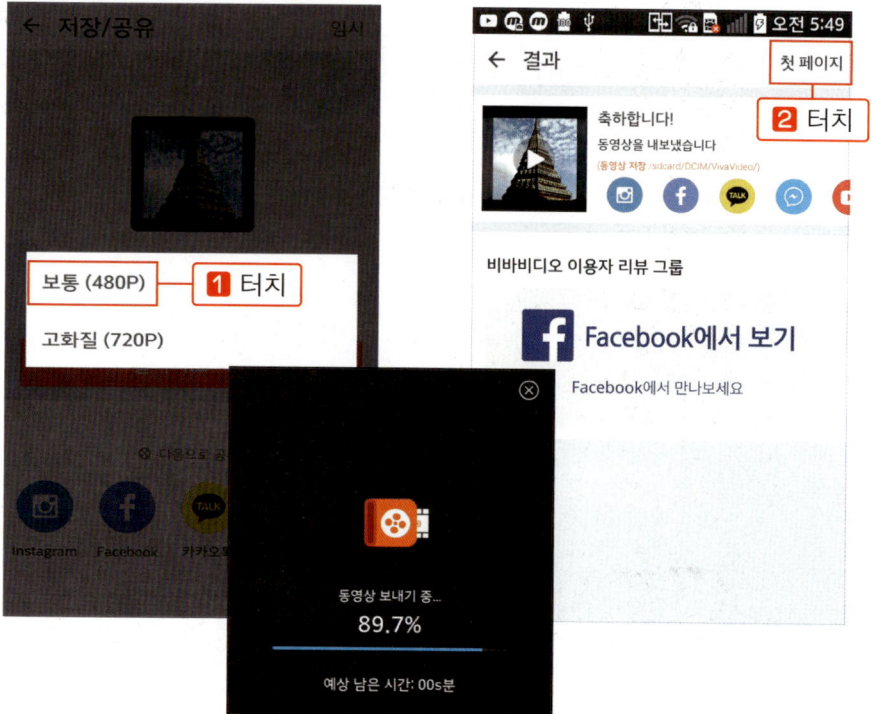

Part 02 스마트폰으로 동영상 만들기

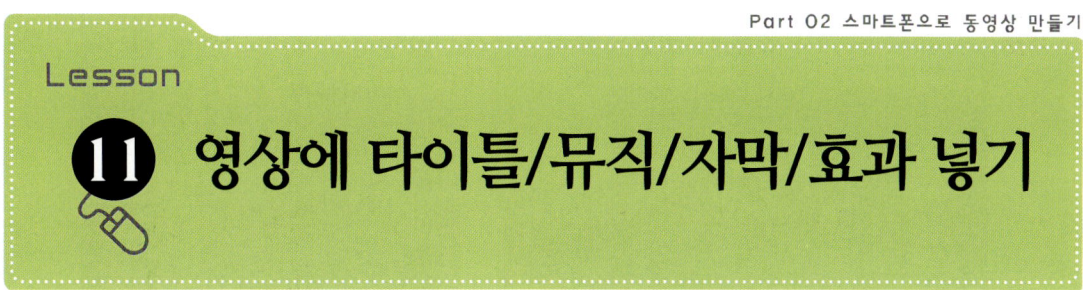

영상에 제공되는 타이틀에 음악, 자막, 효과 등을 변경하거나 추가하여 편집하는 과정입니다.

❶ 영상에 다양한 편집 작업하기(타이틀/뮤직/자막/효과)

1 비바비디오의 첫 화면에서 [편집]을 누릅니다.

2 원하는 클립을 터치한 후 [추가]를 누르고, 모두 불러 왔으면 [다음]을 터치합니다.

3 원하는 [타이틀]을 선택합니다. 타이틀의 제목을 변경하려면 하단 타이틀에 [T]가 나타나면 이를 터치하고 제목을 한 번 더 터치해 수정합니다. [T]가 없는 타이틀은 제목 수정이 불가능합니다.

4 [타이틀]의 [음악 수정]을 터치해보면 기존 음악이 설정되어 있습니다. 다른 음악으로 변경하여 사용하려면 타이틀의 음악을 삭제하고 다른 음악을 선택합니다.

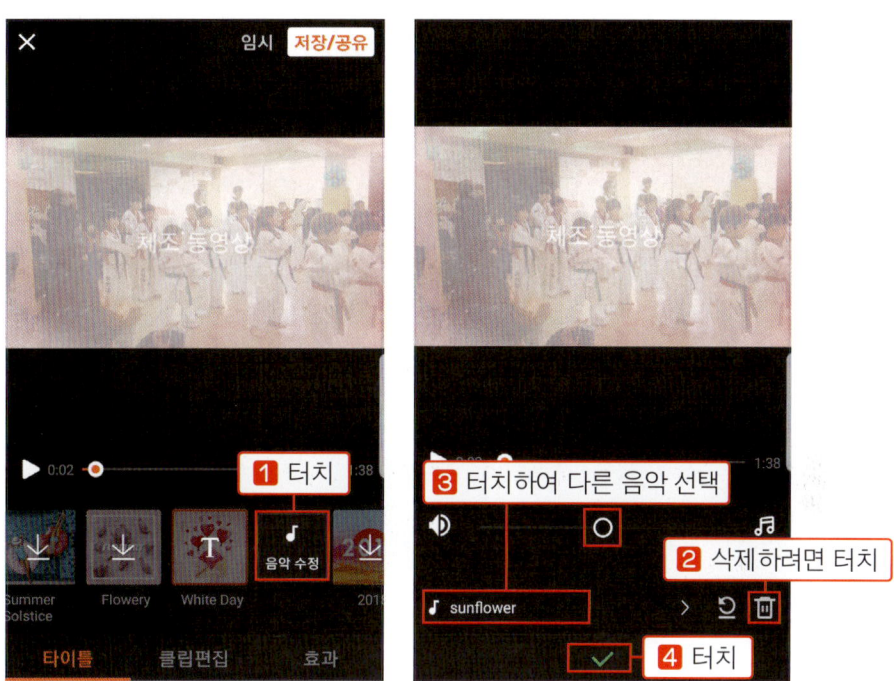

5 표시선에 영상을 드래그해서 자막이 나올 위치를 설정하고, 자막을 넣기 위해 [효과]의 [텍스트]를 터치합니다. 화면의 텍스트를 터치합니다.

6 자막 내용을 입력 후 [확인]을 누르고 텍스트 상자를 누른 채 끌어서 원하는 위치로 이동시킵니다.

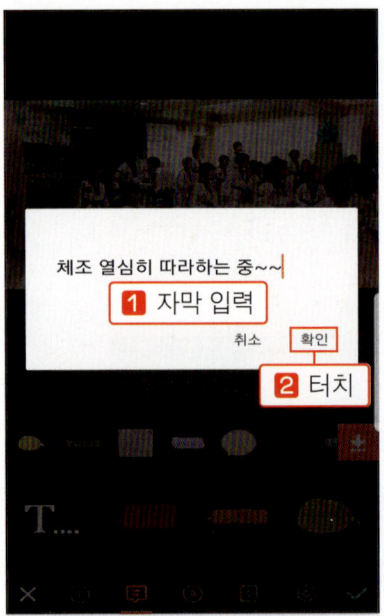 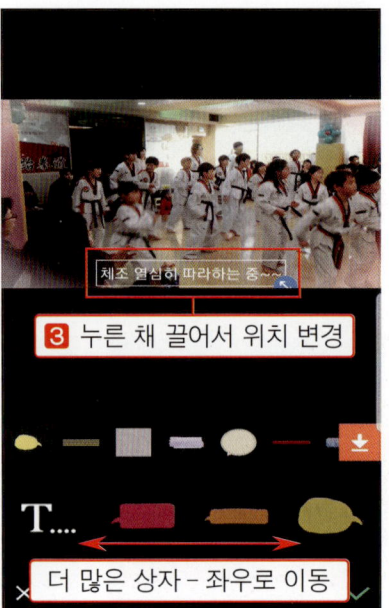

7 텍스트 상자 모양을 터치하여 모양을 지정하고, 글꼴을 터치하여 지정합니다.

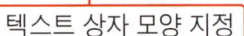

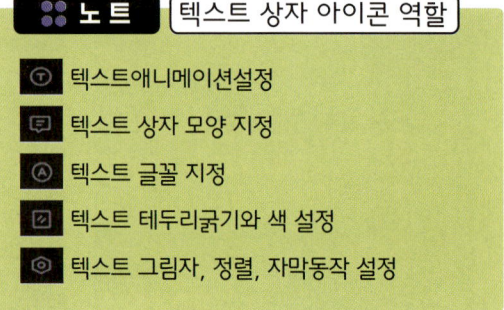

8 원하는 글꼴을 선택하고 다른 글꼴을 사용하려면 [로컬 글꼴 추가 +]를 눌러 다운로드합니다. 단, [로컬 글꼴 추가]를 사용하려면 글꼴 파일(ttf,otf)이 스마트폰 저장 위치에 저장되어 있어야 합니다.

:: 노트 자막 편집

- ⊗ : 텍스트 상자를 삭제할 수 있습니다.
- ⇄ : 자막 내용 및 글꼴, 글자 테두리, 텍스트 상자 모양 등을 변경할 수 있습니다.
- ◮ : 텍스트 상자 모양을 반전시킬 수 있습니다.
- ↘ : 텍스트 상자 크기를 조절할 수 있습니다.

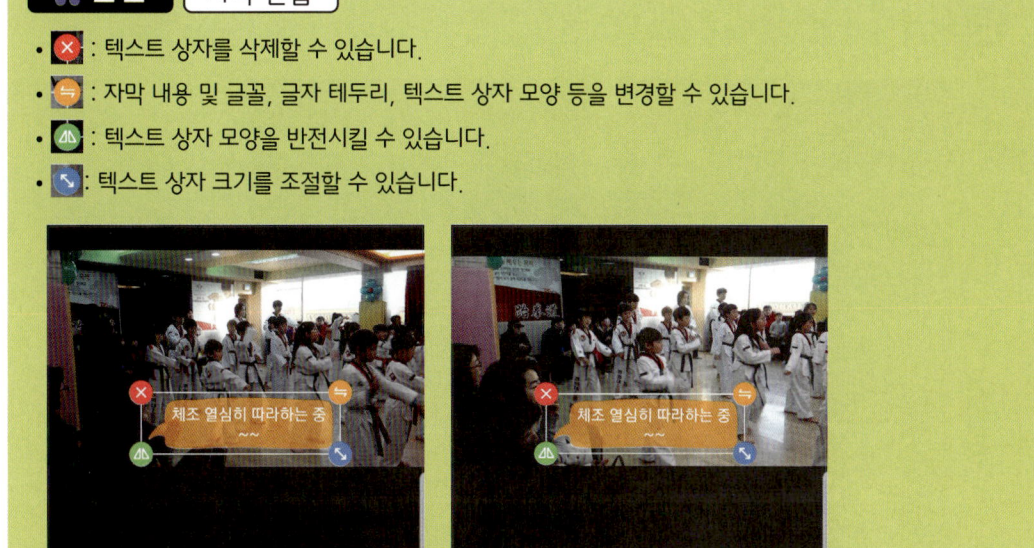

9 글자의 테두리를 설정하기 위해서 [색상]을 터치한 후 원하는 색을 터치합니다. [설정]을 눌러 텍스트 애니메이션 동작, 그림자, 텍스트 정렬 등을 설정하고 텍스트 편집을 마치려면 [체크]를 터치합니다.

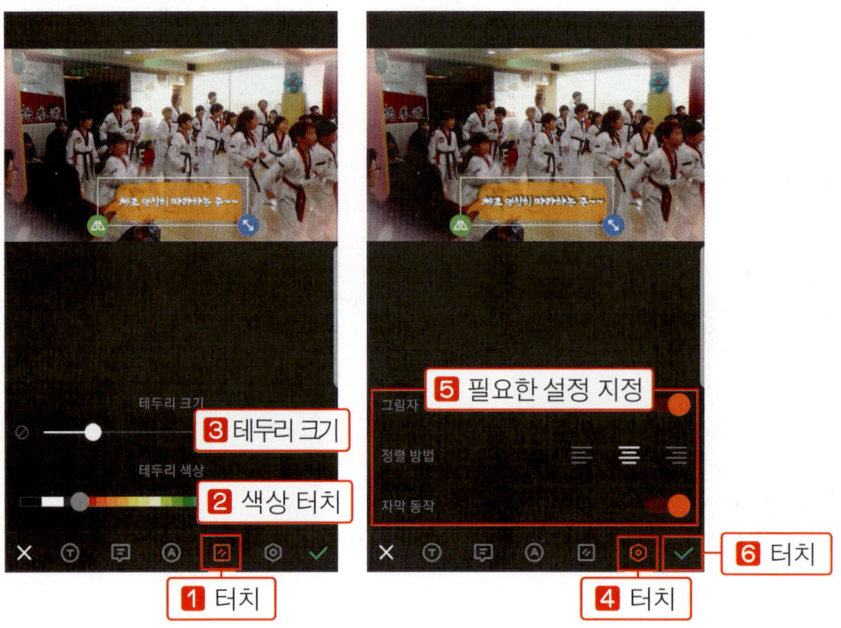

10 [잘라내기 종료]를 눌러 텍스트 시간(길이)을 정합니다.

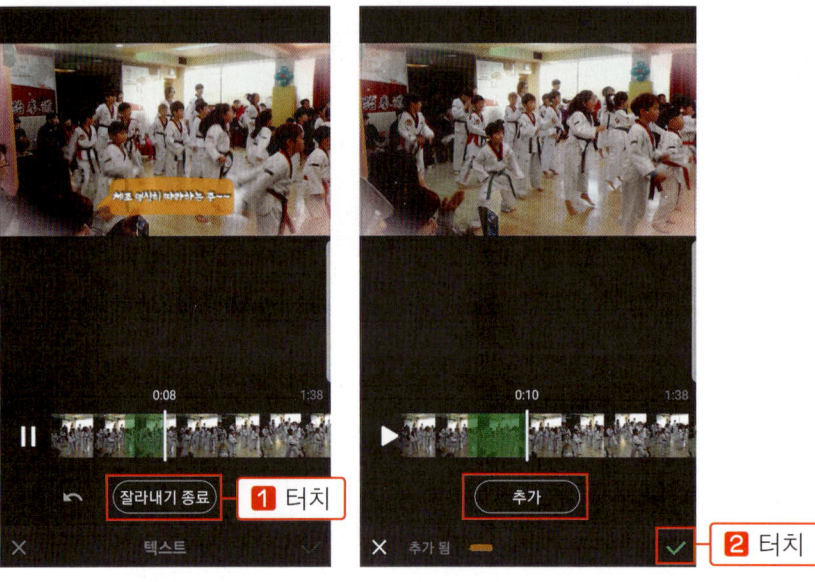

Lesson 11 영상에 타이틀/뮤직/자막/효과 넣기

11 특수 효과를 주기 위해서 [효과]의 [특효]를 터치한 후 원하는 효과를 터치합니다.

12 [체크]를 터치한 후, 적용된 효과를 확인하고 [저장/공유]를 누릅니다. 이후 [갤러리로 저장]을 터치하여 작업을 완료합니다.

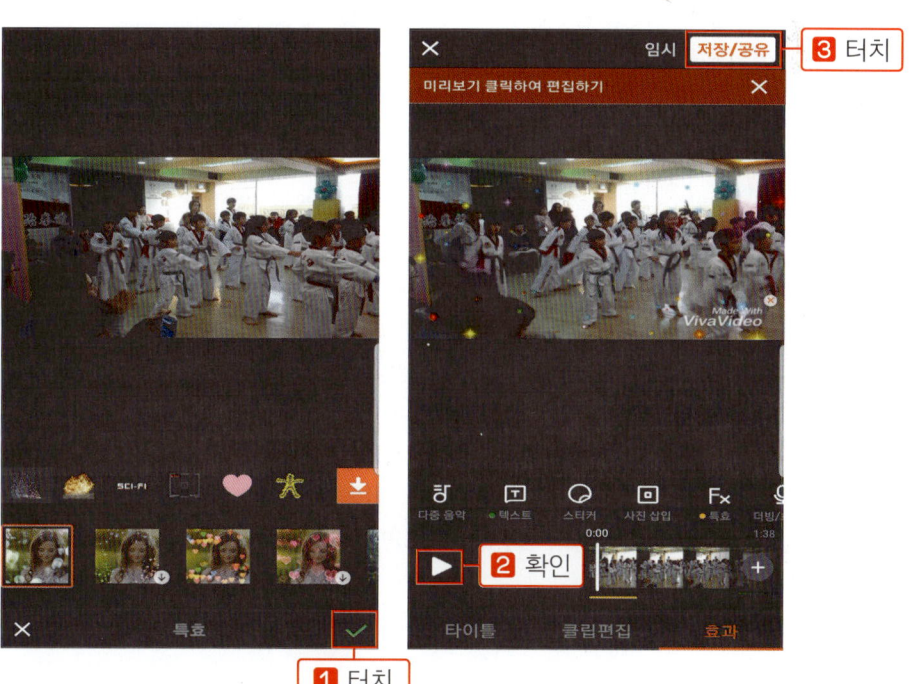

❷ 다양한 특효와 텍스트 상자

비바비디오에서 기본으로 제공하는 것보다 다양한 편집 작업을 하려면 추가로 특효/텍스트 상자/글꼴 등을 다운로드해서 사용하면 됩니다.

✥ 특효 다운로드 하기

 [효과]의 [특효] 작업에서 [다운로드]를 터치한 후, 아래로 이동하여 원하는 특효를 터치합니다.

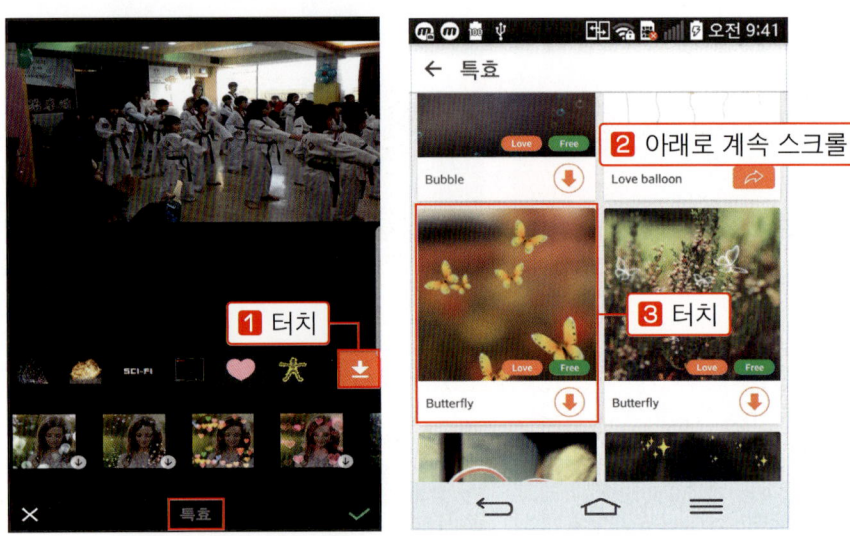

② [다운로드]를 터치합니다. [특효]를 터치하면 목록에서도 확인할 수 있습니다.

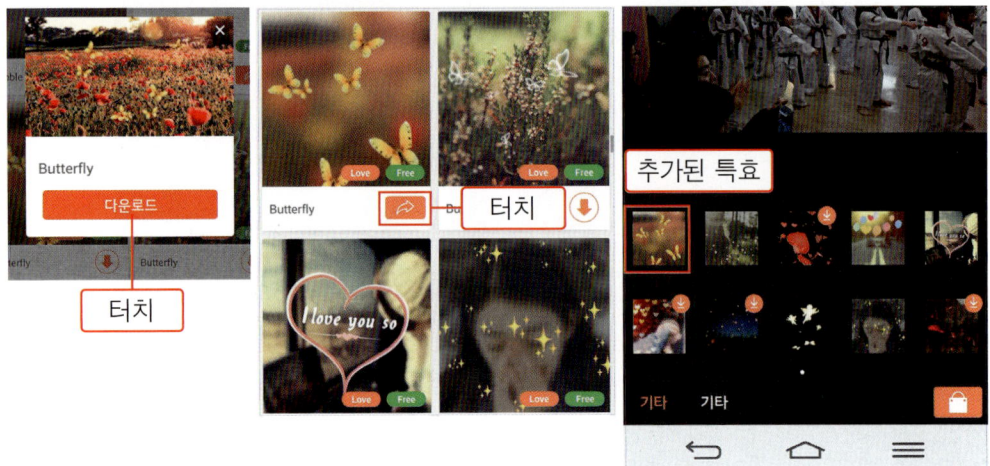

3 다운로드한 특효를 삭제할 경우에는 [첫 페이지]의 [무료 상점]에서 [특효]를 터치합니다.

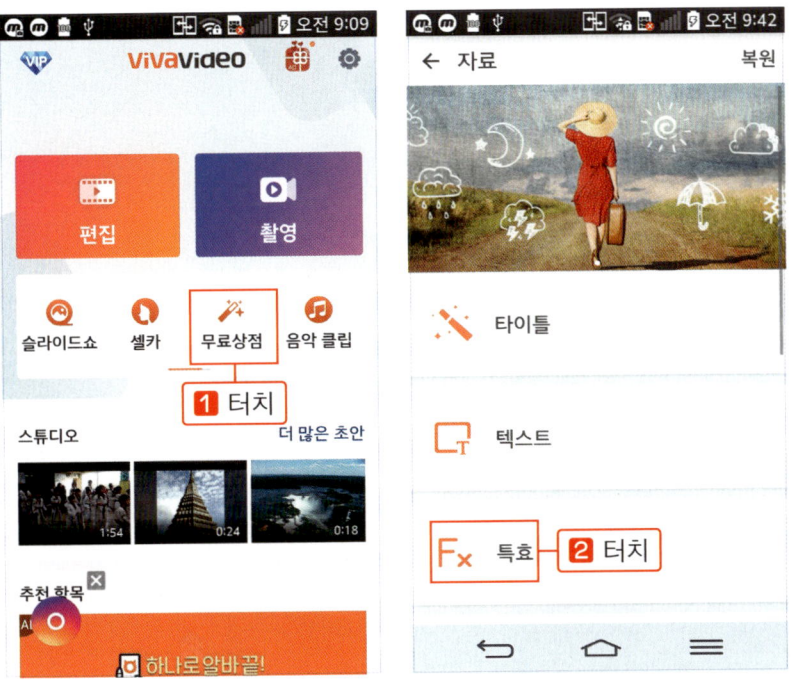

4 [관리( )]를 터치하고 다운로드한 특효 효과에서 [삭제]를 누릅니다.

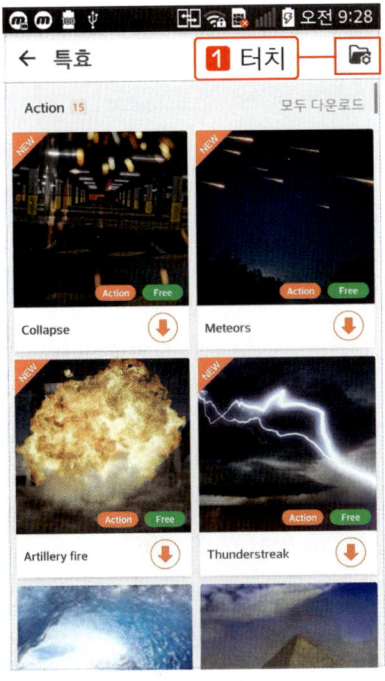 

텍스트 상자 다운로드하기

자막을 표시하는 다양한 모양의 텍스트 상자를 다운로드할 수 있습니다.

1 [텍스트] 작업에서 [추가 다운로드]를 터치합니다.

2 원하는 모양을 터치하면 [다운로드]가 나타납니다.

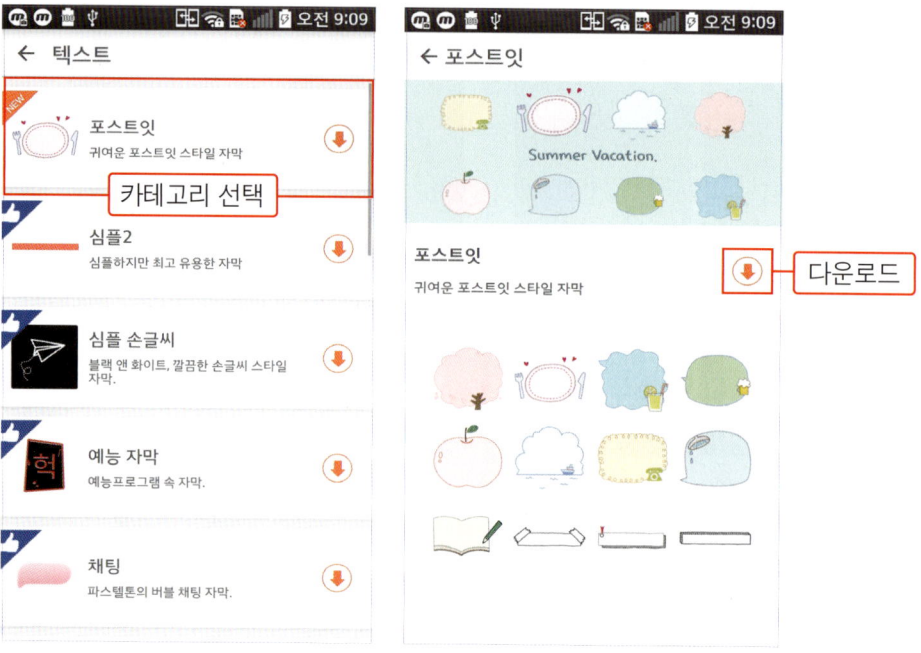

3 텍스트 상자가 많다면 좌우로 끌어서 다운로드된 목록이 있는지 확인합니다.

스마트폰으로 사진 편집하고 동영상 만들기

Part 02 스마트폰으로 동영상 만들기

Lesson 12 사진과 영상을 혼합하여 영상 만들기

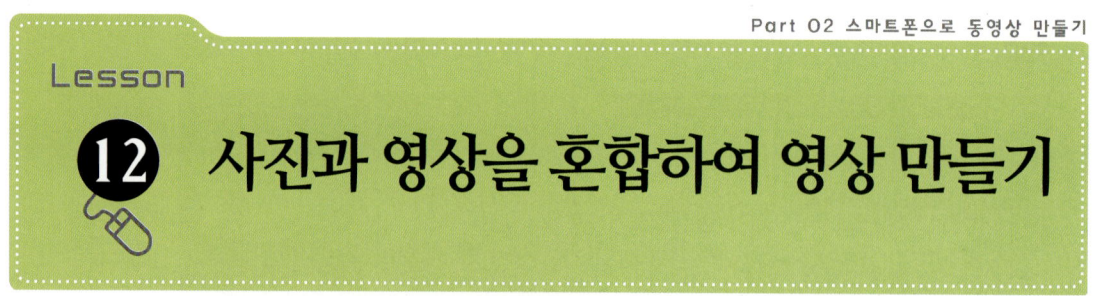

이번 레슨에서 살펴볼 내용은 사진과 영상을 활용하여 영상을 편집하는 과정입니다.

1 비바비디오의 첫 화면에서 [편집]을 터치한 후, 원하는 영상 클립을 선택하여 [추가]합니다.

Lesson 12 사진과 영상을 혼합하여 영상 만들기

2 사진 클립을 추가하기 위해서 [사진]을 터치한 후, 원하는 여러 장의 사진을 선택한 후 [다음]을 터치합니다.

3 [타이틀]은 [없음]을 터치해서 타이틀 설정을 하지 않습니다.

4 음악을 추가하기 위해서 [음악 추가]를 터치합니다. 스마트폰에 저장되어 있는 것을 선택할 경우에는 [나의 핸드폰]에서 원하는 음악을 선택합니다.

 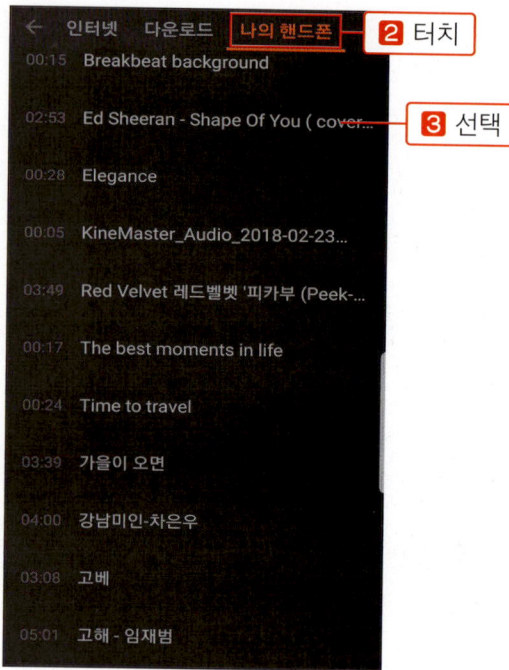

5 불러온 비디오 클립의 소리를 끌 경우에는 [오디오 볼륨]을 왼쪽으로 드래그합니다. 비디오 클립 소리는 무음으로 변경되고 추가한 음악 소리만 들립니다.

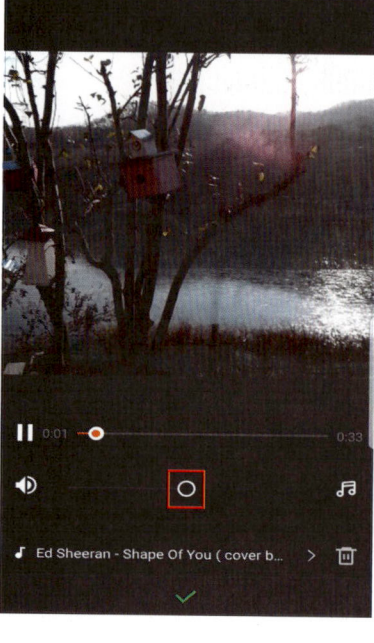 

6 자를 비디오 클립을 선택하고 [클립 편집]의 [나누기]를 터치합니다. 자를 부분으로 표시선을 이동하고 [체크]를 터치합니다.

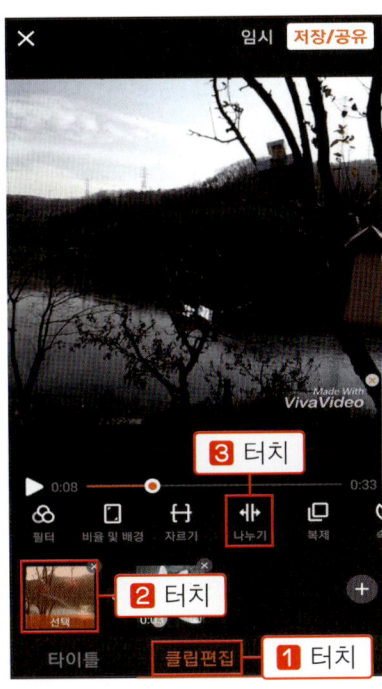 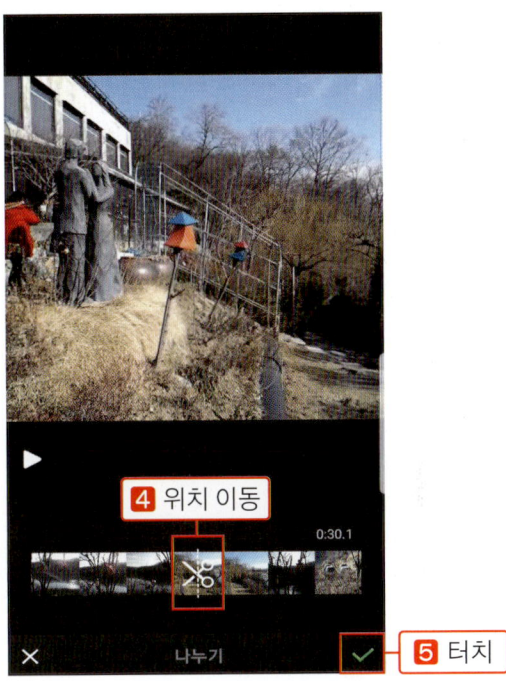

7 분할된 뒤쪽 클립에서 또 [나누기( )]를 하면 앞서서 나눈 것과 총 3개의 클립이 됩니다.

노트 구간 자르기

- **나누기** : 클립에서 자를 위치를 지정하여, 그 위치를 기준으로 좌우로 나눠집니다.
- **자르기** : 클립에서 자를 구간을 지정하여, 그 구간만 남기고 나머지는 삭제됩니다.

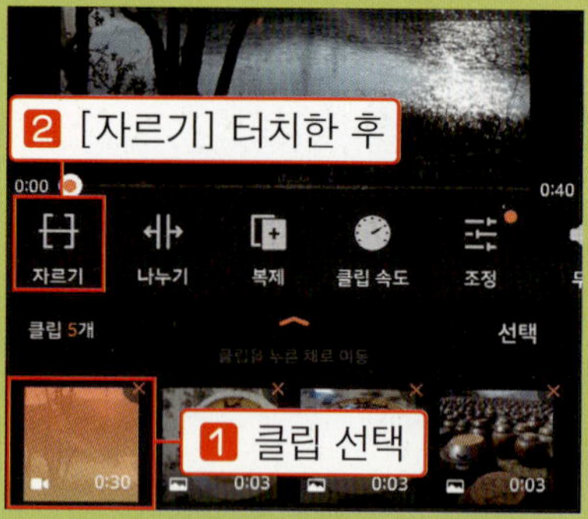

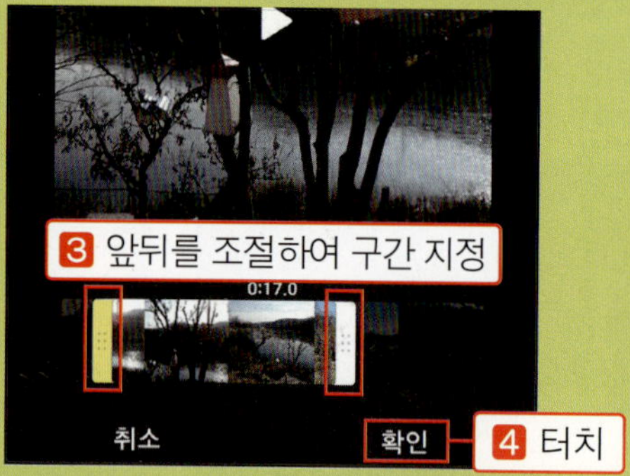

❷ [자르기] 터치한 후
❶ 클립 선택
❸ 앞뒤를 조절하여 구간 지정
❹ 터치

- **[가운데 컷]** : [가운데 컷]을 잘라 버리고 왼쪽 클립과 오른쪽 클립을 하나로 합친다.

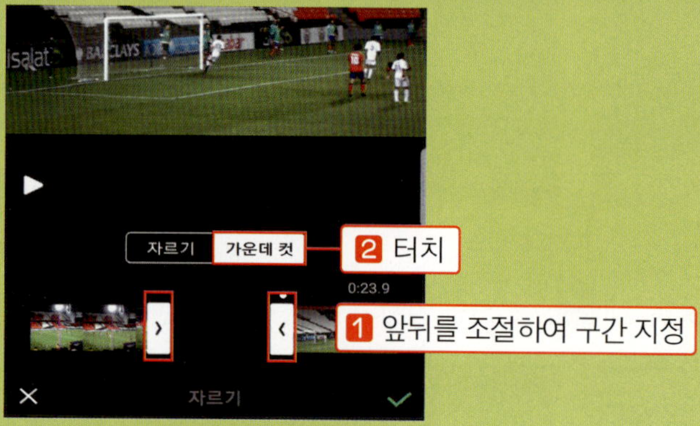

❷ 터치
❶ 앞뒤를 조절하여 구간 지정

8 클립을 삭제하려면 해당 클립의 ❌를 터치합니다. 삭제할 때 [해당 클립을 삭제하시겠습니까?] 메시지에서 [확인]을 터치합니다. 클립 편집이 끝나면 [저장/공유]를 터치합니다.

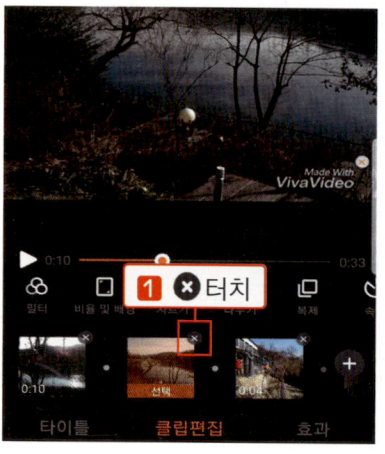
❶ ❌ 터치

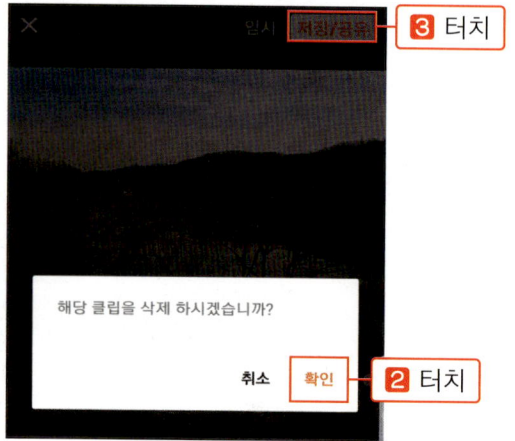
❸ 터치
❷ 터치

Lesson 12 사진과 영상을 혼합하여 영상 만들기

9 이번엔 자막 글자를 추가하기 위해서 [효과]의 [텍스트]를 터치한 후, [텍스트 애니메이션]을 선택합니다.

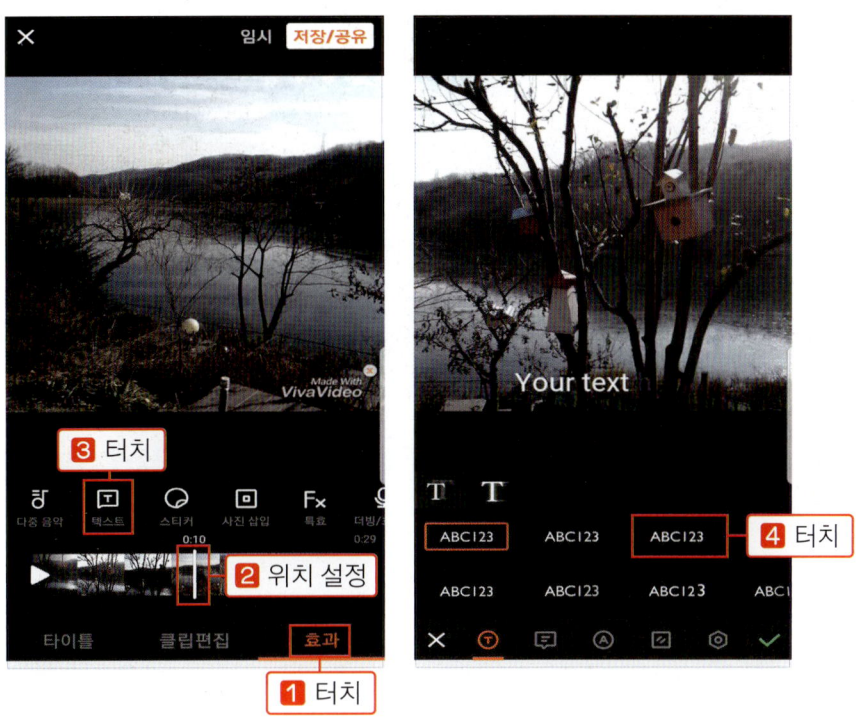

10 [텍스트 상자 모양]을 선택하고 글자를 터치해서 내용을 변경합니다. [확인]을 터치합니다.

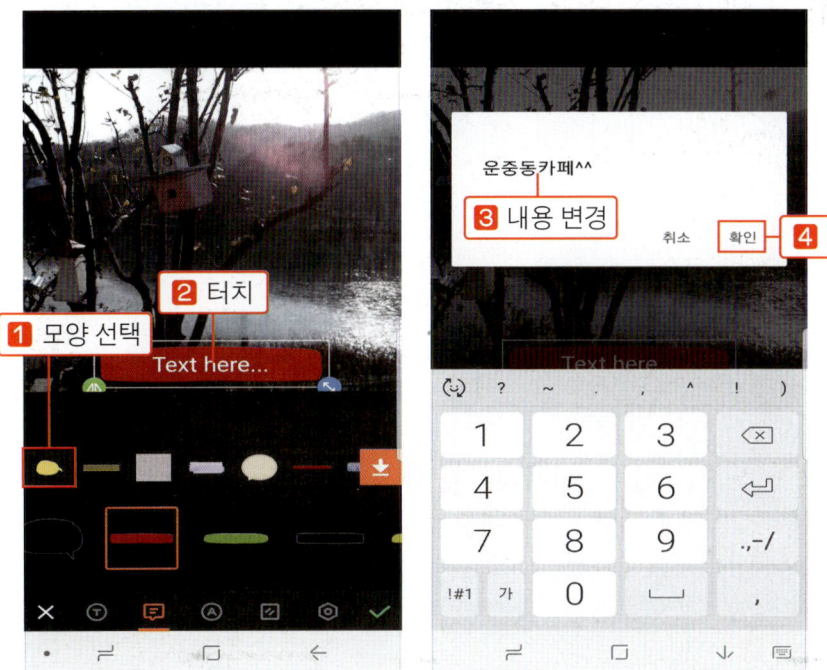

11 [글꼴]을 설정한 후 [체크]를 터치합니다. [잘라내기 종료]를 터치해서 텍스트 설정을 완료합니다.

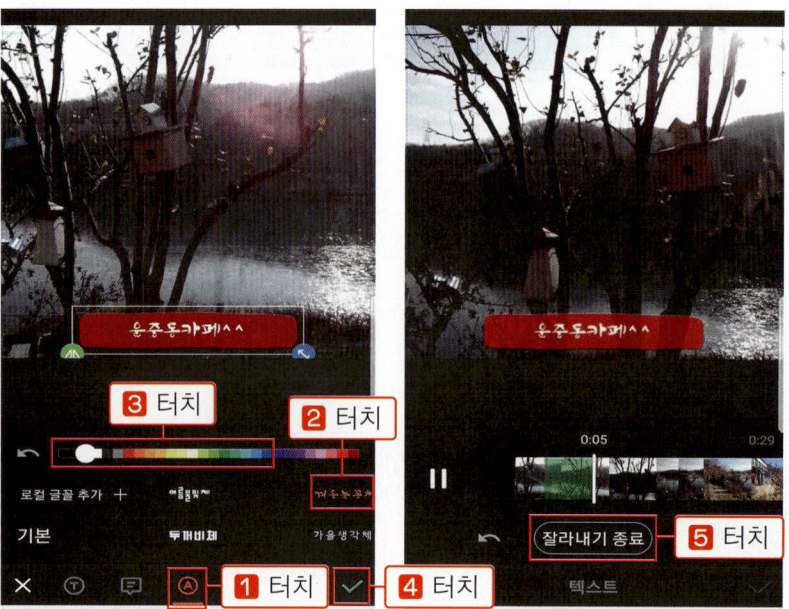

12 클립에 필터 효과를 넣기 위해서 [클립 편집]의 [필터]를 터치한 후, 각각의 클립을 선택해서 원하는 필터 효과를 적용합니다. 필터 효과 지정이 끝났으면 [체크(✓)]를 터치합니다.

Lesson 12 사진과 영상을 혼합하여 영상 만들기

:: 노 트 필터 다운로드

필터를 추가하기 위해서 [더 많이 다운]을 터치하면, 원하는 필터 효과를 다운로드 할 수 있습니다.

13 사진 클립마다 장면 전환을 설정하기 위해서 [클립 편집]의 [장면 전환] 터치합니다. 원하는 클립 앞의 장면 전환을 선택한 후 장면 전환 효과를 터치합니다. 다 설정이 되면 [체크(✓)]를 터치합니다.

14 작업을 마쳤으면 [저장/공유]를 터치해서 [갤러리에 저장]을 터치합니다.

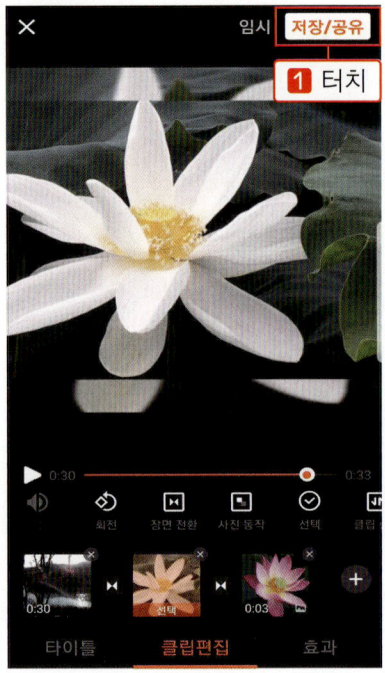

:: 노트 장면 전환 다운로드

[장면 전환]에서 [더 많이 다운]을 터치하면 많은 장면 전환 효과를 다운로드 할 수 있습니다.

Lesson 13 길이 조정하여 영상 불러오기

Part 02 스마트폰으로 동영상 만들기

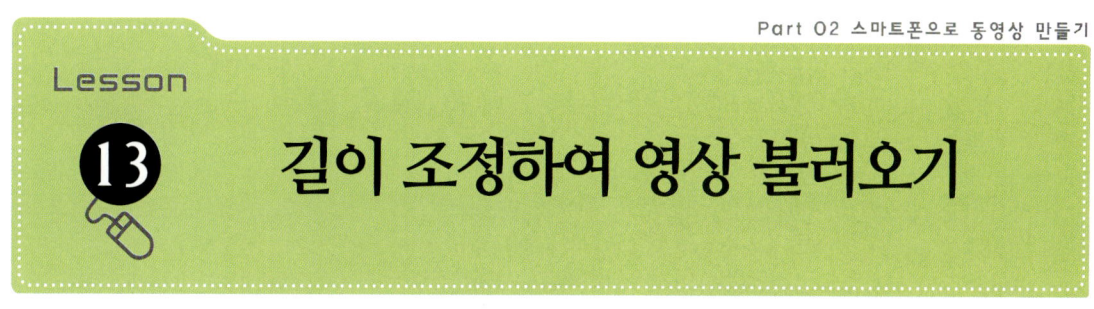

비바비디오는 작업할 영상을 원하는 부분만 잘라서 사용할 수 있습니다. 이번 레슨에서는 길이가 긴 영상을 가져오기 하는 방법을 살펴보겠습니다. 길이를 잘라 불러온 후의 영상 편집은 앞 레슨에서 배운 것을 활용하시면 됩니다.

1 비바비디오 첫 화면에서 [편집]을 터치합니다. 작업할 영상을 선택합니다.

노트 | 클립 선택

스마트폰에서 촬영된 영상과 사진을 선택할 수 있고, 인스타그램과 페이스북에 올려진 사진도 로그인하면 선택할 수 있습니다.

2 이번 실습은 길이가 긴 영상을 가져오는 것입니다. 따라서 조절바를 드래그해서 원하는 길이만큼 조절한 후, [자르기]를 터치합니다. 그러면 [추가]가 [추가 1]로 변경됩니다.

 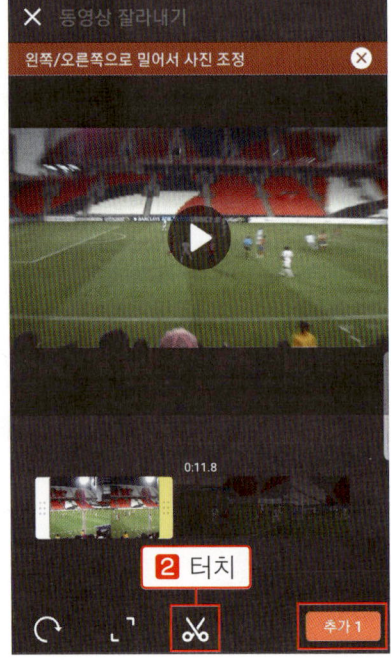

3 한 클립에서 다른 부분을 추가로 더 자르려면 원하는 부분으로 조절바를 드래그해서 변경한 후 [자르기]를 터치합니다. [추가 2]로 변경되고 터치하면 자르기한 두 클립이 나타납니다.

노트 ─ 클립 회전/비율 변경

클립 회전(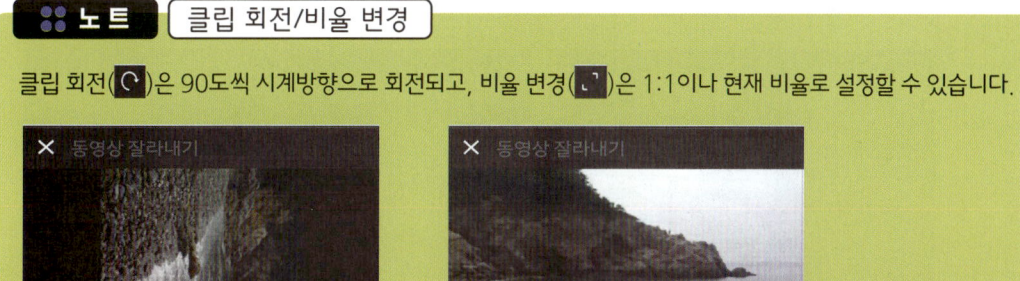)은 90도씩 시계방향으로 회전되고, 비율 변경( )은 1:1이나 현재 비율로 설정할 수 있습니다.

4 다른 클립을 추가할 경우에는 다른 클립을 선택하고 추가하되 길이가 긴 클립이라면 길이를 지정한 후, [자르기]를 터치해서 [추가]합니다.

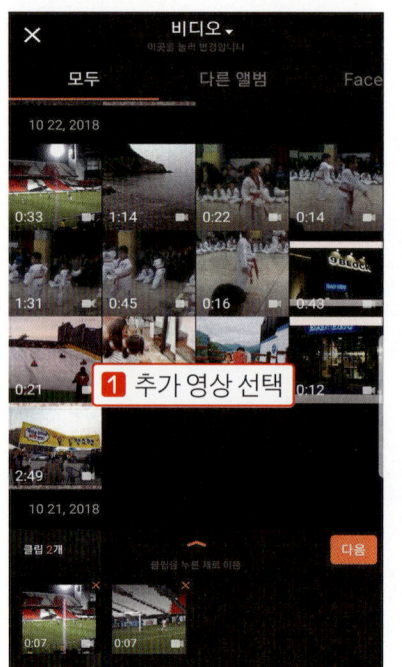

5 추가된 클립이 나타나면 [다음]을 터치합니다. 이후 원하는 편집 작업을 한 후 마지막에 [저장/공유]를 터치하여 저장합니다.

Part 02 스마트폰으로 동영상 만들기

Lesson 14  임시 저장 파일 편집하기

비바비디오에서 영상을 편집하면 [임시]와 [저장/공유] 두 가지 형태로 저장할 수 있습니다.

- [임시]는 편집한 영상을 비바비디오 앱의 첫 화면 [스튜디오]란 곳에 임시로 저장하여 다시 불러와 수정할 수 있습니다.

- [저장/공유]는 영상 편집이 완료되어 스마트폰의 [갤러리]에 저장하거나 바로 카카오톡이나 페이스북 등 다른 곳으로 공유할 수 있습니다.
  참고로 [저장/공유]로 저장한 영상도 비바비디오 앱의 첫 화면 [스튜디오]에서 선택하면 수정할 수 있습니다.

❶ 임시 저장된 파일 활용하기

1 비바비디오의 첫 화면에서 최근 임시 저장된 영상을 선택하거나 [스튜디오]의 [더 많은 초안]을 터치하여 임시 저장 목록에서 영상을 선택합니다.

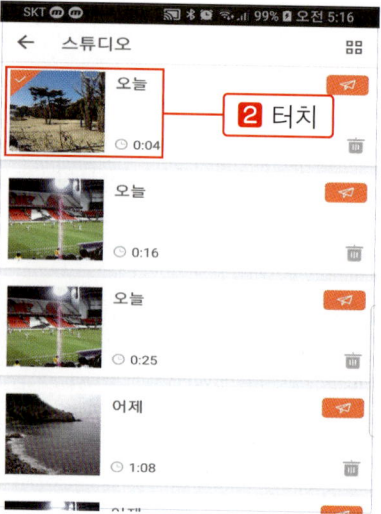

2 기존 클립에 다른 클립을 추가할 경우 [+]를 터치한 후 [비디오]에서 추가할 클립을 선택합니다. 추가할 클립이 없으면 [다음]을 터치합니다.

3 원하는 만큼 클립을 선택한 후 [추가]를 누르고, [다음]을 터치합니다.

4 타이틀]의 [음악 추가]를 눌러 음악을 선택한 후 [추가]를 터치합니다.

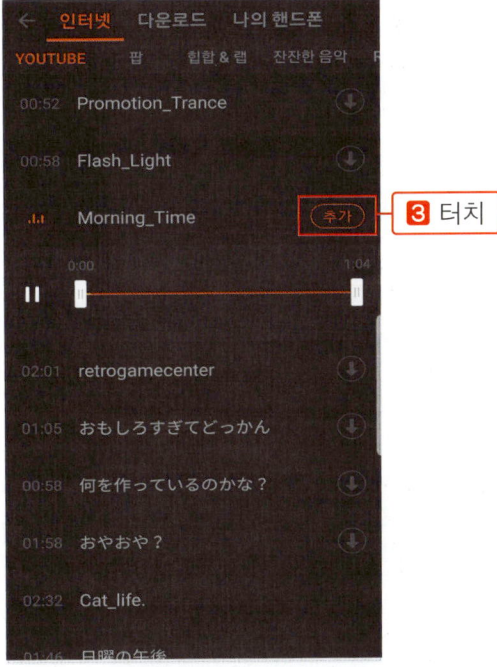

5 스티커를 넣기 위해서 [효과]의 [스티커]를 터치합니다. 원하는 스티커 종류에 [다운로드] 메시지가 나타나면 터치한 후 원하는 스티커를 선택하고 [체크]를 터치합니다.

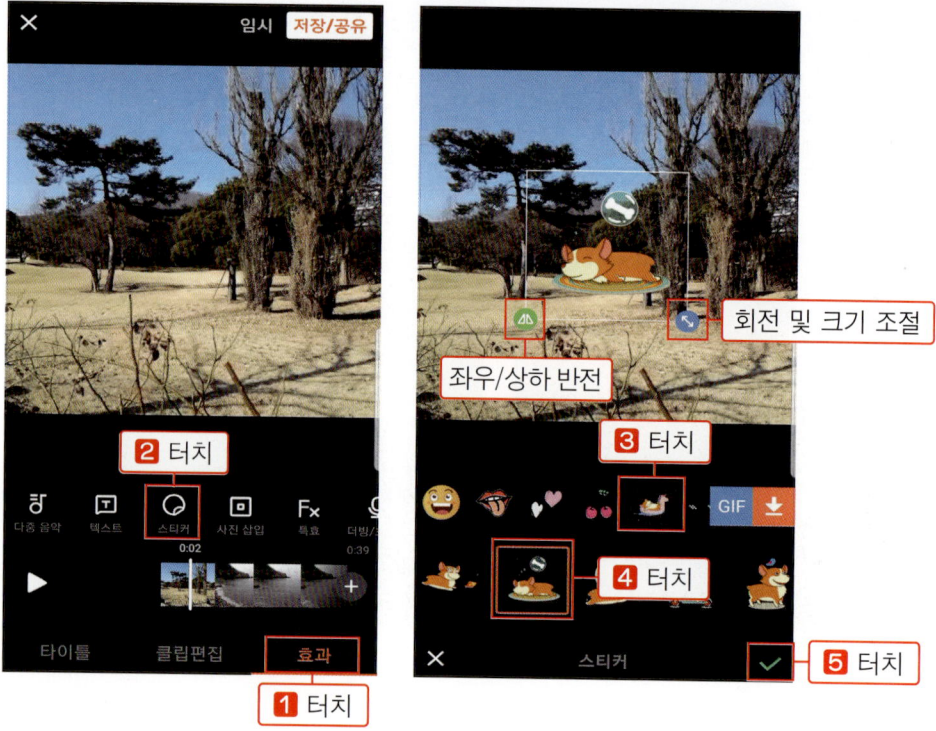

6 삭제할 경우는 스티커를 다시 터치하여 [삭제]를 눌러 지울 수 있습니다.

7 사진을 더 추가하기 위해서 [클립 편집]의 [+]를 눌러 [사진]으로 변경합니다. 원하는 사진을 선택한 후 [다음]을 터치합니다.

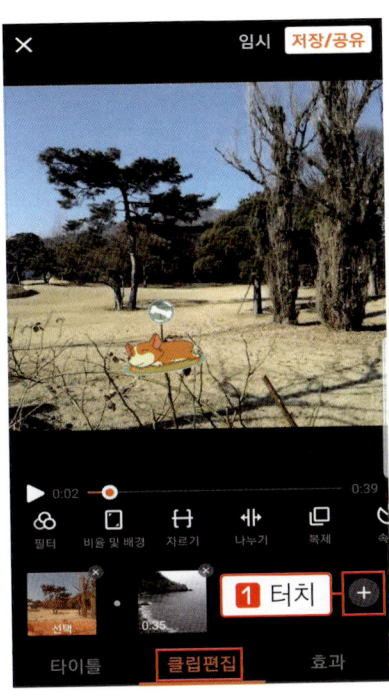 

8 [효과]의 [장면 전환]을 터치한 후 각 사진 사이를 터치해서 원하는 [장면 효과]를 터치합니다.

9 [저장/공유]를 터치한 후 [갤러리에 저장]을 터치합니다.

❷ [관리] 살펴보기

[무료 상점]은 타이틀, 필터, 텍스트, 스티커, 장면 전환, 특효, 글꼴 등을 [추가 다운로드]를 눌러 다운받거나 다운받은 자료를 한 번에 모아서 관리해주는 기능입니다.

1 이번 실습은 [스티커]를 예로 들어 살펴보겠습니다. 비바비디오의 첫 화면에서 [무료 상점]을 터치한 후 [스티커]를 터치합니다.

Lesson 14 임시 저장 파일 편집하기

2️⃣ 다운받을 스티커를 선택한 후 [다운로드]를 터치합니다.

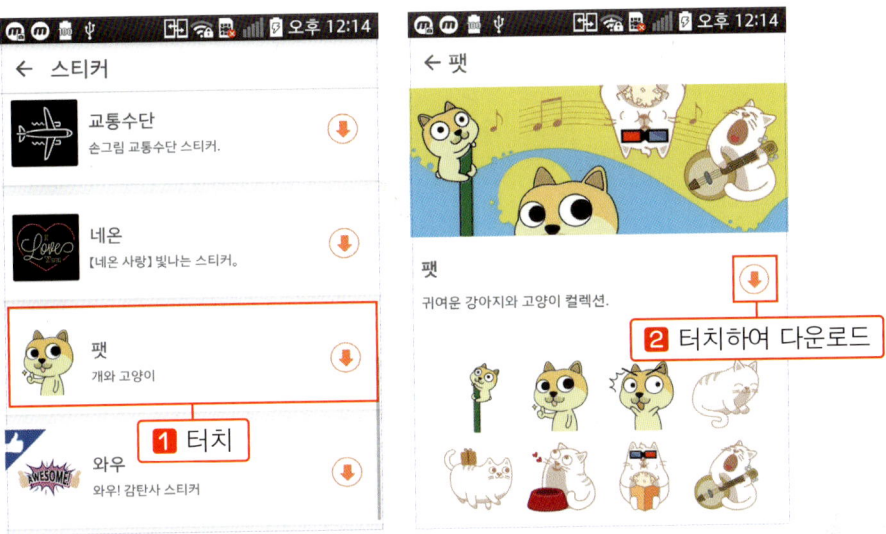

3️⃣ [관리]에서 다운로드 받는 것을 삭제하기

1️⃣ 비바비디오의 첫 화면에서 [무료 상점]을 터치한 후, [장면 전환]을 터치합니다.

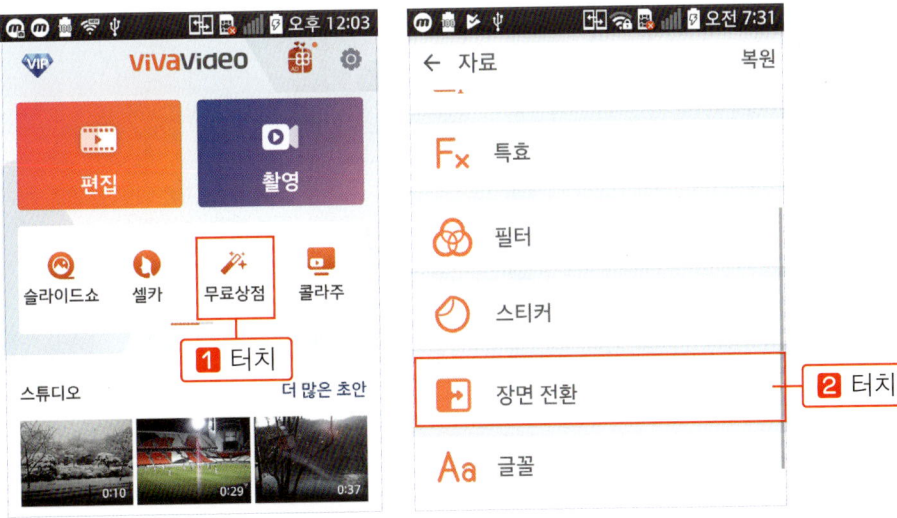

2 [관리]를 터치한 후, 삭제할 장면 전환을 선택합니다.

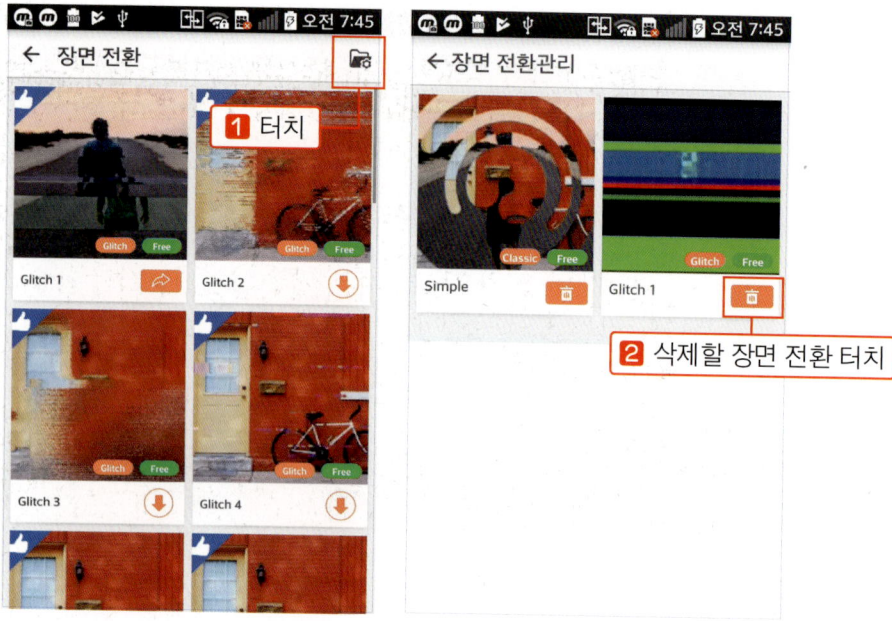

3 [삭제] 대화상자 나타나면 [확인]을 터치합니다.

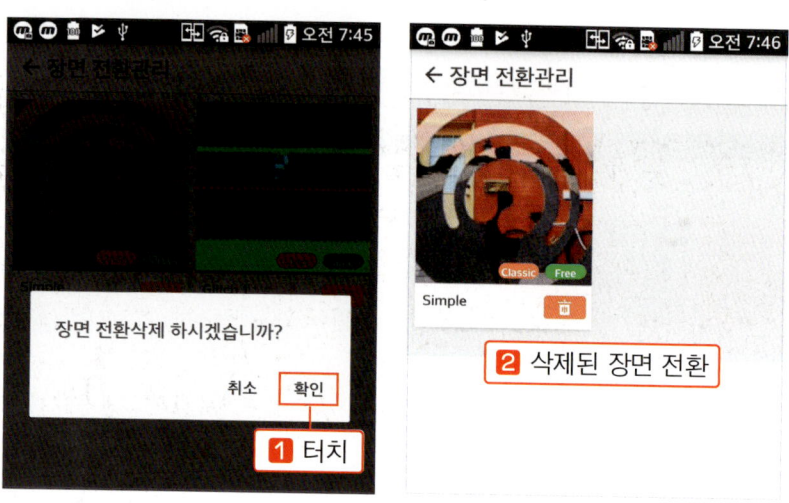

> **노트** 　다운로드 아이콘
>
> - [무료상점]의 다른 효과들은 [다운로드(⬇)]를 터치하면 다운로드 됩니다.
> - 다운로드가 완료되면 [다운로드(⬇)] 표시가 ↪로 변경되어 나타납니다.

Part 03 편집한 사진과 동영상 공유하기

Lesson 15 문자로 사진 및 영상 보내기

갤러리에 저장되어 있는 이미지나 영상을 문자 메시지로 보낼 수 있습니다. 메시지의 영상 첨부는 스마트폰의 기종과 통신사에 따라 전송할 용량 제한이(대략 300kb 미만 또는 990k 미만) 있습니다. 따라서 큰 용량의 영상은 문자보다는 다음 레슨에서 설명할 카카오톡을 이용하는 것이 좋습니다.

1 홈 화면의 [메시지]를 터치합니다.

2 [메시지]를 터치한 후 받는 사람을 선택하고, [첨부]를 터치합니다.

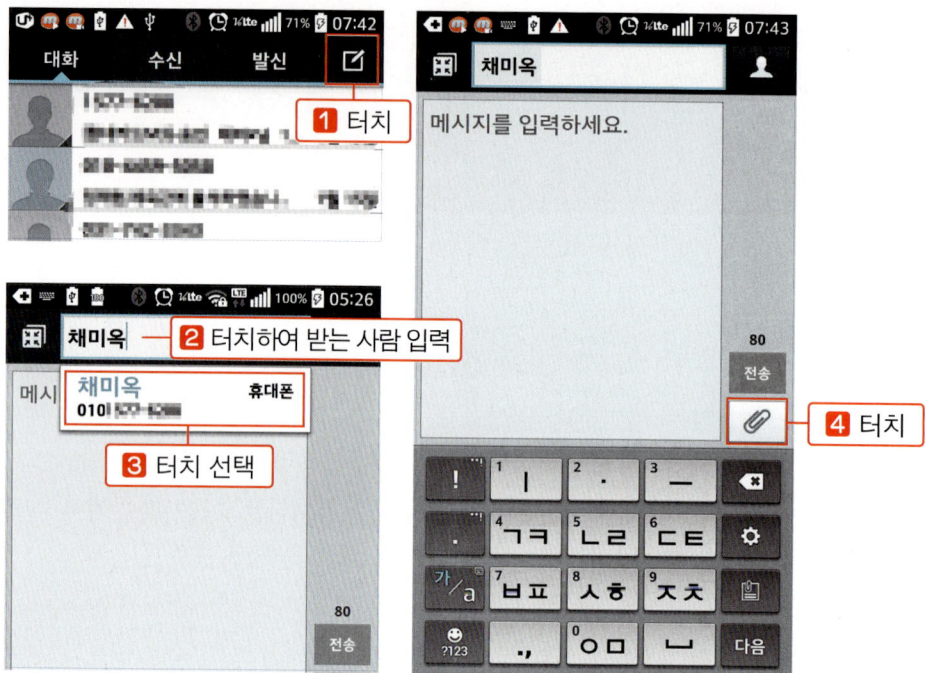

3 원하는 [이미지]나 [동영상]을 터치합니다. 이곳에서는 이미지로 실습합니다.

4 이미지가 첨부되었으면 보낼 메시지의 내용을 입력한 후 [전송]을 터치합니다.

Part 03 편집한 사진과 동영상 공유하기

Lesson 16 카카오톡으로 사진 및 영상 보내기

앞에서는 작업한 사진이나 영상을 다른 사람과 공유하기 위해 문자 메시지를 이용하였습니다. 그러나 문자 메시지는 용량 제한으로 원활한 전송이 쉽지 않으므로, 용량 제한에서 비교적 자유로운 카카오톡을 사용하는 것이 보다 효과적인 전송 방법이 됩니다.

1 [카카오톡]을 터치한 후 받을 사람을 선택히고 [1:1 채팅]을 터지합니다.

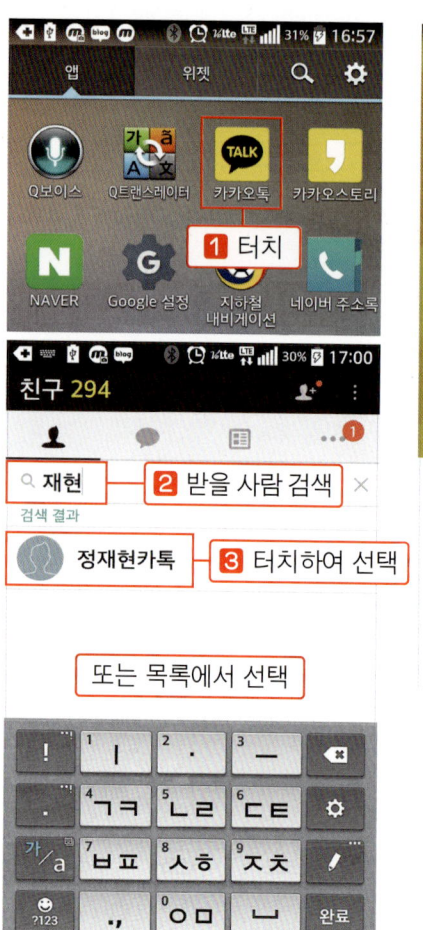

Lesson 16 카카오톡으로 사진 및 영상 보내기

2 [+]를 터치해서 사진을 보낼 경우는 [사진]을, 영상을 보낼 경우는 [동영상]을 터치합니다.

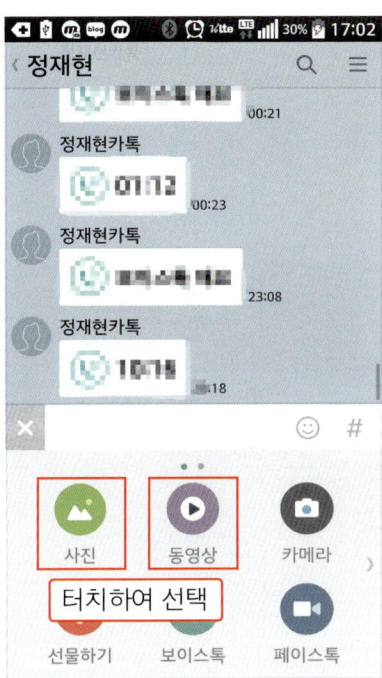

3 보낼 것을 터치하여 선택합니다.

4 [전송]을 터치합니다.

5 실습에서 동영상을 선택하여 전송하였다면 아래와 같은 화면이 나타납니다.

Part 03 편집한 사진과 동영상 공유하기

Lesson 17 블로그에 사진 및 영상 올리기

블로그(Blog)는 개인의 일상이나 관심사 등 자신만의 이야기를 자유롭게 기록할 수 있는 온라인 속 나의 공간입니다. 블로그에 직접 작업한 사진이나 영상을 활용해서 많은 사람들과 소통할 수 있는 기회가 되고 자기만의 독창적인 스토리를 만들 수도 있습니다.

블로그에 사진이나 영상을 올리기 위해서는 [네이버 블로그] 앱이 설치되어 있어야 합니다.

1 [네이버 블로그] 앱을 터치한 후 [글쓰기()]를 터치합니다.

※ 만약 [네이버 블로그] 앱이 설치되어 있지 않다면 [Play 스토어]에서 [네이버 블로그]를 검색하여 설치한 후, 실습에 임해야 합니다.

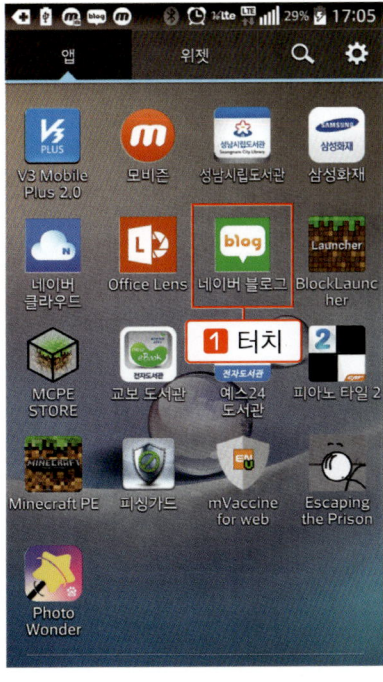
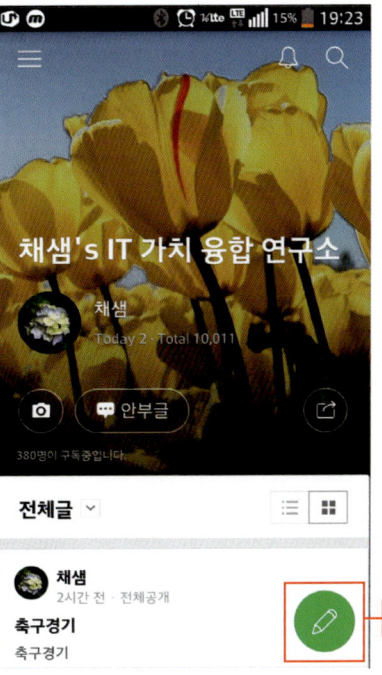

2 블로그에 동영상을 올리기 위해 [동영상]을 터치합니다. 원하는 영상을 선택한 후 [체크 (✓)]를 터치합니다.(여러 개 선택도 가능합니다.)

3 영상이 삽입되면 하단에 원하는 내용을 입력한 후 [다음]을 터치합니다.

Lesson 17 블로그에 사진 및 영상 올리기

4 넣을 카테고리를 선택하고, 제목을 입력한 후 [등록]을 터치합니다.

5 영상이 삽입되면 [플레이]를 터치하여 확인해 봅니다.

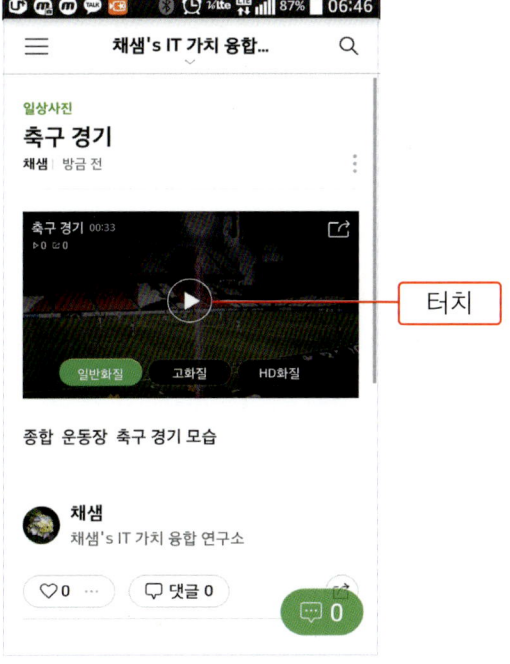

스마트폰으로 사진 편집하고 동영상 만들기

채미옥 지음   정가 / 10,000원

펴낸 곳 / 인투북스
펴낸이 / 이 갑 재

전 화 / 070-8246-8759   팩 스 / 031-925-8751
홈페이지 / www.intobooks.co.kr

2018년 11월 15일   1판 2쇄 인쇄
2018년 11월 22일   1판 2쇄 발행
ISBN 978-89-6906-010-2

내용 문의: happy9780@naver.com

이 책의 무단 복사 및 전재를 금합니다.